DANIEL BÖCKING

WENN ERWACHSENE BETEN, KLINGT DAS LANGWEILIG!

Ein Papa spricht
mit seinen Kindern
über Glauben

BRUNNEN
Verlag GmbH · Giessen

Daniel Böcking (Jg. 1977) arbeitet seit über 20 Jahren in verschiedenen Positionen bei BILD, u.a. als Stellvertreter des Chefredakteurs. Er ist verheiratet, hat 4 Kinder und lebt mit seiner Familie in der Nähe von Berlin. Das vorliegende Buch basiert auf einer Kolumne, die Böcking seit 2017 für das Medienmagazin PRO schreibt. Die Texte sind chronologisch sortiert und wurden über einen Zeitraum von ca. fünf Jahren verfasst.

© 2024 Brunnen Verlag GmbH, Gießen
Lektorat: Stefan Loß
Umschlagfoto: Privat
Umschlaggestaltung: Jonathan Maul, Brunnen Verlag GmbH
Satz: Brunnen Verlag GmbH
Druck: GGP Media GmbH, Pößneck
ISBN Buch 978-3-7655-3611-3
ISBN E-Book 978-3-7655-7847-2
www.brunnen-verlag.de

Ich widme dieses Buch der Dankbarkeit, die sonst oft zu kurz (und erst auf der letzten Seite) kommt. Danke an Sie, liebe Leserinnen und Leser. Danke, meine geliebte Familie. Danke, Jesus, dass der Weg mit dir ein Abenteuer ist mit Happy-End-Garantie.

Daniel Böcking im Januar 2024

INHALT

„WARUM TUT JESUS CHRISTOPH NICHTS GEGEN DAS LEID?"

Unsere Kinder Elsa (7), Fritz (5) und Carl (3) reden und fragen viel über Gott. Das liegt weniger daran, dass wir sie auffallend christlich erziehen würden. Vielmehr daran, dass sie einfach gerne über alles reden – und noch lieber Fragen stellen. Während ich bei den meisten „weltlichen" Themen durch gepflegtes Halbwissen glänzen oder mir schnell eine Antwort ergoogeln kann, sind Kindergespräche über den christlichen Glauben oft eine echte Herausforderung für mich. Aber eine, die Spaß macht und bei der ich selbst immer wieder jede Menge lernen kann. Auch deshalb bin ich dankbar, nun an dieser Stelle von solchen Gesprächen berichten zu können. Diese Kolumne hat nicht den Anspruch, ein pädagogischer Ratgeber zu sein oder gar erklären zu können, wie wir als Eltern den christlichen Glauben in die Herzen unserer Kinder pflanzen können. Dafür mache ich selbst viel zu viel falsch. Weder für meine Erziehungsmethoden noch für meinen theologischen Sachverstand würde ich mir ein „summa cum laude" geben. Ohnehin halte ich es da lieber mit meiner Mutter, die immer sagte: „Ich erziehe nicht, ich versuche nur, Vorbild zu sein." Ich möchte unsere Kinder nicht zum Glauben „erziehen" – aber ich freue mich, wenn sie in unserem Alltag erleben dürfen, wie großartig die christliche Gemeinschaft sein kann (z. B. im Kindergottesdienst), wie gut ein gemeinsames Gebet tun kann (jeden Abend) oder wie es sich anfühlt, sich vorbehaltlos geliebt zu fühlen (nicht nur von uns, den Eltern, sondern auch von Gott).

Ich gebe also fleißig mein Bestes und werde dafür immer wieder mit kleinen Momenten belohnt, in denen ich glaube zu verstehen, was Jesus meinte, als er davon sprach, Gottes Reich anzunehmen wie ein Kind (Lukas 18,17).

Ein Vater-Kind-Gespräch über den Glauben …

… kann urkomisch sein. So wie damals mit Fritz, als er noch drei Jahre alt war. Immer wieder sprach er da von einem Christoph, den ich einfach nicht zuordnen konnte. Bis Fritz entnervt seufzte: „PAPA! Jesus Christoph!" Da fiel der Groschen, um wen es ging.

… kann herzerwärmend sein. Erst vor einigen Tagen lief im Autoradio „Nessaja – Ich wollte nie erwachsen sein!", und ich rief vom Fahrersitz nach hinten zu Elsa: „Das wollte ich auch nie! Ich wäre gern für immer Kind geblieben." Ein Augenblick der Stille, in dem Elsa offenbar die ganze Weisheit einer Siebenjährigen hervorholte: „Aber, Papa, du bist doch ein Kind. Du wirst immer ein Kind sein!" „Hö?" „Weil Gott immer dein Vater ist und du immer sein Kind. Du kannst Erwachsener sein UND ein Kind!" Danke dafür!

… kann heikel werden. Eine Zeit lang fragte Elsa jeden, der nicht schnell genug das Weite suchte: „Glaubst du an Gott?" Eines Abends berichtete sie: „Die Frau heute hat gesagt, dass sie nicht an Gott glaubt, weil so viele böse Sachen passieren. Warum passieren so viele böse Sachen?" Was antwortet man da? Hätte ich mit allem auftrumpfen sollen, was ich mir bislang dazu angelesen hatte? Mit Gottes unergründlichen Wegen? Mit gefallener Schöpfung? Mit einem kurzen Vorlese-Intermezzo aus dem Buch Hiob? Ich wusste wirklich nicht weiter und habe das Elsa gegenüber auch zugegeben: „Es gibt viele Menschen, die sich mit dieser Frage beschäftigt haben. Aber ich kann nicht behaupten, dass ich das alles abschließend verstanden hätte. Sieh es doch mal andersherum: Schau auf das Schöne, auf die Bäume, den Sonnenuntergang, das Lachen deiner Freunde, die Liebe, die du hoffentlich fühlst. All das zeigt mir, dass es Gott gibt. Und ich habe ihn schon so nah gespürt, dass ich fest an ihn glaube." Für den Moment war Elsas Wissensdurst damit gestillt – und am Abend sprach sie wieder zu Jesus wie zu einem Freund.

„AUF IN DIE KIRCHE!" – „NEE, LIEBER INS SCHWIMMBAD."

Ich habe einen Traum von einem Sonntagmorgen: Wir sitzen entspannt am Frühstückstisch. Eines unserer Kinder (drei, fünf und sieben Jahre alt) fragt mit Marmeladen-Brötchen im Mund: „Was machen wir heute?" Ich: „Gleich geht's in den Gottesdienst." Schon recken sich sechs kurze Arme vor Freude nach oben, quietschender Jubel bricht aus, und alle hechten in ihre Klamotten, um schnell in die Gemeinde zu kommen ... Die Realität sieht oft anders aus. Zwar stoße ich selten auf totale Ablehnung. Aber es gibt einfach so viele schöne andere Dinge, die man an einem freien Tag machen kann: „Ich will lieber ins Schwimmbad!", „Wir waren lang nicht mehr auf Karls Erdbeerhof!", „Aber vorher noch eine Folge ‚Paw Patrol' gucken ..."

Das bringt mich regelmäßig in mindestens drei Konflikte:

1) Soll ich mich nun durchsetzen und die Kinder in den Gottesdienst „zwingen", um eine Routine, ein Ritual zu etablieren (zu Ritualen rät schließlich fast jedes Erziehungsbuch)?

2) Ist es christliche Pflicht (auch für mich persönlich), jeden Sonntag in den Gottesdienst zu gehen?

3) Verpasse ich als Vater eine große Chance, die Kinder schon früh fest in einer Gemeinde zu verankern, wenn ich wieder nachgebe?

Mich hat das Jesus-Zitat in Markus 2,27 immer sehr angesprochen: „Der Sabbat ist um des Menschen willen gemacht und nicht der Mensch um des Sabbats willen." Das hat nicht direkt etwas mit meinem Gottesdienst-Dilemma zu tun – sagt mir aber, dass der Sonntag als unser Tag des Herrn keinem festgelegten Schema F zu folgen hat. Von Zwang und Pflicht zum Gottesdienst-besuch finde ich in der Bibel nichts. Der „Gottesdienst" als Lebensinhalt ist ohnehin nicht an einen Ort oder an eine Zeit geknüpft. So ist es in meinen Augen an einem Sonntag auch ein Dienst an Gott, wenn ich ganz pragmatisch meiner Frau einen freien Tag gönnen kann, indem ich mit den Kindern einen Ausflug in die Natur mache, mit ihnen Zeit verbringe, spiele, ihnen die Zuwendung schenke, die im Job-Alltag oft zu kurz kommt.

Neulich habe ich unsere Älteste gefragt, wie für sie der perfekte Gottesdienst oder die perfekte Kinderzeit aussieht. Die knappe Antwort: „Schöne Lieder! Und spielen!" Ende der Durchsage. Bibelgeschichten? „Joa …" Gemeinsames Beten? „Manchmal etwas langweilig." Offenbar habe ich nicht euphorisch genug auf ihre Einlassungen reagiert, sodass sie prompt nachlegte: „Beschwer dich nicht, wenn ich mal nicht hingehen möchte. Gott will doch, dass wir glücklich sind. Er wird schon nicht beleidigt sein. ER IST GOTT!" (Fehlte nur noch, dass sie augenrollend „Du Dummerchen" anfügte …)

Die Vehemenz dieser Antworten hat mich beeindruckt: Vielleicht sollte ich mir nicht so einen Kopf um alles machen. Vielleicht ist es ganz okay, dass der Gottesdienst für die Kinder (noch) nicht so wichtig ist wie für mich. Dass sie gern hingehen, um zu singen und zu spielen – aber dass sie oft auch etwas anderes unternehmen wollen. Und vielleicht ist es ebenso in Ordnung, wenn ich ihren Wünschen auch mal nachgebe und wir im Spaßbad landen statt in der Kirche.

Für mich ist die Gemeinde (in meinem Fall das „Berlinprojekt") zu einem Ort geworden, zu dem ich nicht gehen MUSS, sondern zu dem ich gehen DARF. Ich wünsche mir, dass unsere Kinder einmal mit derselben Vorfreude in „ihre" Gemeinde kommen. Ich glaube nicht, dass ich dieses Ziel erreiche, wenn ich sie zu ihrem Glück zwinge. Aber ich werde sie weiterhin jeden Sonntag dazu einladen.

JESUS WÜRDE ALLEN KINDERN KUCHEN KAUFEN

VOM WUNDER DES GEBENS

Vor Kurzem hat mich Elsa (7) mit ihrer Rechenleistung beeindruckt. Sie hatte fünf Gummibärchen in der Hand und zwei bettelnde Brüder vor sich. Also dachte sie kurz nach und gab dann Carl (3) und Fritz (6) jeweils eins ab. Die übrigen drei waren für sie selbst. Zufrieden erklärte sie mir: „Alles andere hätte Streit gegeben. Wenn ich Fritz zwei gegeben hätte, wäre nur eins für Carl übrig und umgekehrt." Die Variante „Je zwei für die Brüder und eins für sich selbst" existierte schlicht nicht.

Gerade im Neuen Testament gibt es viele, viele Verse zum Thema Teilen und Geben. „Gib dem, der dich bittet" (Matthäus 5,42) ist wohl einer der klarsten. Gleichzeitig werden die meisten Eltern bestätigen, dass dieses „Geben" nicht jedem Kind in die Wiege gelegt worden ist. Oder doch? An Elsas Schule war „Kuchenverkauf-Tag". Schüler der höheren Klassen hatten gebacken und boten ihre Ware feil. Ich hatte es natürlich total vergessen und statt Kleingeld nur einen 5-Euro-Schein in der Tasche, als ich Elsa zum Unterricht brachte. Also gab ich ihr ihn mit der Bitte, sparsam damit umzugehen. Nachmittags fragte ich nach, was sie sich gegönnt hatte: „Ich habe mir nur zwei Pralinen für insgesamt einen Euro gekauft." – „Warst du so schnell satt?" – „Nein, aber andere Kinder hatten kein Geld dabei. Ihnen habe ich den Rest gegeben." Und nun kam das Sahnehäubchen: „Was guckst du so komisch? Das hat Jesus doch auch immer gemacht: allen was abgegeben."

Ich beschloss also, mal genauer hinzuschauen, ob Kinder wirklich so kleine Egoisten sind, wie wir gern behaupten, wenn mal wieder ein Streit ums letzte Stück Schokolade komplett außer Kontrolle gerät. Als wir an zwei offensichtlich obdachlosen Bettlern in Hamburg vorbeiliefen, stupste mich Elsa an: „Ihnen möchte ich etwas geben." Also drückte ich ihr ein Geldstück in die Hand. Auf der Decke des Paares lagen ein paar verpackte Schokokugeln, und Elsa fragte unverblümt, ob sie eine haben dürfe. Sie bekam sie mit einem freundlichen Lächeln, das in ein lautes Lachen überging, als sie die Freude der Kinder sahen.

Wenn unsere Kinder und die Nachbarskinder miteinander spielen, käme nie einer auf die Idee, nur für sich ein Eis an der Tankstelle zu holen. Gern verzichten sie auch auf das große, teure Eis und nehmen die 30-Cent-Wassereis-Tütchen – Hauptsache, sie können mit „Eis für alle" in den Garten zurückkehren.

Fritz hatte sechsten Geburtstag und plante seine Party. Richtig viel Zeit und Gedanken investierte er in die Frage, womit er seinen kleinen Gästen eine Freude machen könnte in der Mitgebsel-Tüte.

Zum Muttertag fragte ich nach, warum sich Elsa, Fritz und Carl so viel Mühe mit ihren Geschenken (Basteleien und Bilder) machten. Einstimmige Antwort: Weil es so schön sei, wenn Mama sich freut.

Ich habe zwei Lehren aus diesen Beobachtungen gezogen.

Zum einen: Die Gebe-Freudigkeit der Kinder ist ehrlich und uneingeschränkt. Wenn sie etwas allein für sich wollen, lassen sie sich auch mit Bibelzitaten höchst selten von ihrem Plan abbringen. Wenn sie aber teilen möchten, dann unabhängig davon, was der Beschenkte damit macht, ob er es verdient hat oder ob das Geschenk angemessen ist.

Zum anderen: Die Kinder haben schnell etwas gelernt, was wir oft vergessen: Wer anderen etwas schenkt, beschenkt sich selbst. Geben macht glücklich.

Mich kostet es Kraft, wirklich jedem Bettler etwas zu geben, wenn ich Geld in der Tasche habe – unabhängig davon, ob ich vermute, dass er es in Bier investiert, oder ich den Euro ganz gut selbst gebrauchen könnte. Ich bemühe mich, nicht zu beurteilen, wer meine „Gabe" verdient hat. Wer mich bittet, soll bekommen (wenn es machbar ist …). Und ich merkte schnell, dass ich mich dadurch beschenkter und dankbarer fühlte.

Dies soll kein pauschaler Ratschlag an alle sein. Jeder muss selbst wissen, wie freizügig er gibt, und natürlich bin ich in der Luxus-Situation, dass es uns an wenig bis gar nichts mangelt. Aber es hat mich gefreut zu sehen, dass die Kinder das Wunder des Gebens, Schenkens,

Teilens so verinnerlicht haben. Frei nach der Bibel: Geben ist seliger als Nehmen. Denn wer gibt, dem wird gegeben.

SOLL ICH JESUS WIRKLICH MEHR LIEBEN ALS MEINE KINDER?

Bei Böckings gibt es neuerdings „Gott-Bonbons". Andere würden dazu wohl „Eiswürfel aus dem Gefrierschrank" sagen. Aber nachdem Elsa (7) festgestellt hat, wie gut Eiswürfel schmecken, wenn es draußen über 30 Grad warm ist, dass die Dinger nichts kosten und sie wie von selbst aus Wasser entstehen, war das Wunder für sie wohl groß genug und klar, dass so eine Sensation nur ein Bonbon von Gott sein kann. Was sie dann auch sofort allen verkündete: „Ich hole mir noch ein Gott-Bonbon!"

Gefiel mir gut – und es ist eine schöne Brücke, um von der zweiten wunderbaren Neuigkeit aus unserer Familie zu berichten (die Reihenfolge stellt keine Gewichtung dar): Wir sind nun zu sechst! Im Juni kam unser viertes Kind Hans auf die Welt. Er ist gesund und wir unendlich dankbar.

Das Schöne an Wundern ist, dass auch eine Wiederholung nicht zu Langeweile und Routine führt. Ich habe mich gefragt, wie ich dieses klein-große Hans-Wunder nun in einem Text thematisiere, in dem ich von Gesprächen zwischen unseren drei Kindern (jetzt vier, aber einer spricht noch nicht) und mir über „Gott und die Welt" berichten soll. Es mangelt nicht an herzerwärmenden Anekdoten: mit Fritz (6), der Hans immer nur Hanschen nennt („Weil er einfach soooo süß ist!"). Mit Carl (4), der mit seinem Temperament am liebsten „Papa verkloppen" spielt, aber seinen kleinen Bruder vorsichtig wie ein Porzellanpüppchen auf dem Schoß wiegen kann. Und natürlich mit Elsa, die in einem atemberaubenden Tempo in ihre Rolle als verantwortungsvolle, liebevolle große Schwester eines Babys hineingewachsen ist.

ABENDGEBET FÜR DEN BRUDER

Ich möchte hier aber auch eine christliche Herausforderung erwähnen, die auf den ersten Blick nicht ganz so gut in unser kitschig-schönes Familienglück passt und über die ich jetzt noch nicht mit den Kindern sprechen würde: „Wer Sohn oder Tochter mehr liebt als mich, ist es nicht wert, mein Jünger zu sein", sagt Jesus in Matthäus 10,37. An diesem Vers hatte ich lange zu knabbern. Meine Kinder und meine Familie sind doch das Wichtigste in meinem Leben! Ich liebe sie über alles auf der Welt! Was soll daran bitte falsch sein?

Nun bin ich kein Prediger oder professioneller Bibel-Ausleger. Dennoch will ich eine kleine persönliche Erkenntnis teilen, die ich zu diesem Vers irgendwann hatte: Ja, Familie und Kinder können das Wichtigste auf der Welt und im Leben sein. Aber es gibt mit Jesus einen, der größer als Welt und Leben ist. Dabei geht es nicht um ein Ranking oder darum, dass ich meine Familie vernachlässigen sollte, um ein besserer Christ zu sein (in Sachen Verantwortung als Ehemann und Vater ist die Bibel recht deutlich).

Es geht vielmehr darum, was passiert, wenn man Jesus als das Zentrum von allem und über allem annimmt. Als den, von dem alles kommt und auf den alles zeigt. Ich wage zu behaupten: Das Glück, das ich heute empfinden darf, habe ich nur dank Gott. Ich darf mich als Gottes geliebtes Kind fühlen – und aus dieser Gewissheit, Ruhe und Freiheit heraus selbst meine Vaterliebe in Fülle über unsere Kinder ausschütten. In meinem ersten Buch schrieb ich dazu: „Ich liebte meine Kinder seit ihrer Geburt wie behämmert. Aber vielleicht wurde diese Liebe durch die Gottes-Erkenntnis sogar noch befreiter, noch größer, noch herzlicher, als sie es vorher war. In dem Wissen, dass sie nicht in einer gottlosen Welt leben und dass jemand da ist, der auf uns alle aufpasst. Der über uns allen steht und den wir dafür noch mehr lieben können als uns selbst."

In einem Abendgebet sagte Fritz neulich: „Lieber Gott, bitte mach, dass Hanschen eine schöne Babyheit hat." Ich liebe Gott über alles dafür, dass er sich über diese vorbehaltlose Liebe untereinander freut.

DREI KLEINE KLIMAAKTI-CHRISTEN

ZUM ERSTEN MAL GEHEN PAPA UND
KINDER DEMONSTRIEREN

Wenn Carl (4), Fritz (6), Elsa (7) und ich abends beten, verlieren wir manchmal ein wenig den Fokus. Fritz dankt Gott dann zum Beispiel für seine Familie – um im nächsten Atemzug in beeindruckender Ausführlichkeit zu schildern, was es in der Schulkantine zu Mittag gab. Elsa betet für ihr Spenden-Patenkind in Uganda und erzählt danach von ihren Plänen fürs Wochenende.

Neulich ist es uns völlig aus dem Ruder gelaufen: Ich fragte Fritz, wofür er denn heute Abend beten wolle. Seine Antwort: „Für Nettigkeit für die Natur!" Ich: „Häh?" Elsa (mit tadelndem Blick in meine Richtung): „Na, dafür, dass es der Natur spitze gehen soll, weil sie spitze ist." Carl (entrüstet von der Seite): „Ja, der geht es nämlich nicht immer spitze! Weil: Da schmeißen Leute Sachen hin!" Ich war mitten in „Fridays for Future" an einem Donnerstagabend im Kinderzimmer. Weiter ging's! Fritz: „Man darf keinen Müll in die Natur schmeißen! Und keine Pflanzen ausreißen!" Carl: „Ich habe heute eine Sonnenblume abgerissen. Hehe …" Stille. „Oh." Strafende Blicke der Geschwister, bis er selbst begriff, dass diese Anekdote gerade nicht in die Stimmung passte. Also versuchte er, die Kurve zu kriegen: „Löcher darf man auch nicht buddeln! Auch nicht, wenn da ein Goldschatz liegt. Das macht die Erde kaputt. Und angeln ist auch verboten, weil dann Fische sterben."

Während Carl sich mit Höchstgeschwindigkeit in Sachen Naturschutz radikalisierte, versuchte ich, die Kinder an das laufende Gebet zu erinnern. „Fritz, worum genau möchtest du Gott denn nun bitten?" Fritz: „Ich wünsche mir, dass die Menschen aufhören, die Natur zu zertrampeln. Sonst geht die kaputt und macht keinen Sauerstoff mehr. Und der Ort geht kaputt, den wir mögen." Und plötzlich kam Gott ins Spiel. Mister Neunmalklug Carl (wie erwähnt: vier Jahre alt): „Wenn man überall Müll reinschmeißt, geht die Welt tot. Und Gott möchte nicht, dass alle tot sind. Er hat ja die Welt gemacht." Elsa ergänzte: „Ich finde es schön, dass Gott die Natur gemacht hat, weil es sonst keine Menschen gäbe. Wir müssen darauf aufpassen, weil wir sonst sterben. Und weil es ein Geschenk von Gott ist."

Mir war schleierhaft, warum meine Kinder urplötzlich das Thema mit einer solchen Vehemenz für sich entdeckt hatten. Ich habe bis jetzt noch keine Ahnung, wann genau sie zu Klima-Aktivisten geworden sind. Aber es gefiel mir, wie energisch sie für die Bewahrung der Schöpfung eintraten (auch wenn sie es so nicht genannt hätten). Also erzählte ich ihnen von den anstehenden Klima-Demos.

Prompt bat mich Fritz, für ihn auf ein Blatt Papier zu schreiben: „Schützt unser Klima!" Hab ich gemacht.

Er nahm es und malte daneben ein großes Herz. Stolz verkündete er: „Das Herz soll allen zeigen, dass die Erde lieb ist und wir uns freuen können." Damit hatte er mich endgültig auf seiner Seite.

Wir schafften es noch, in Ruhe ein Abendgebet zu sprechen. Aber gleichzeitig waren wir alle ein bisschen euphorisch, plötzlich auf einer gemeinsamen Mission zu sein. Ich freute mich insgeheim, dass sie nicht nur etwas nachgeplappert hatten, sondern sich Gedanken gemacht und Gott in der Natur entdeckt hatten. Am nächsten Morgen erkundigte ich mich in der Schule, wie denn die Regeln seien, wenn ein Kind an einer „Fridays for Future"-Demo teilnehmen wolle. Das sei kein Problem, sagten die Lehrerinnen.

Und so werden wir jetzt zum ersten Mal gemeinsam demonstrieren gehen. Nicht gegen den drohenden Weltuntergang. Sondern für die Schönheit von Gottes Schöpfung. Mit einem großen Herz auf unserem Plakat.

SÜßES ODER SÜßES?

ÜBER CHRISTLICHE UND UNCHRISTLICHE FESTE

Ich mag Halloween nicht. Meine liebe Frau Sophie auch nicht. Doch damit sind wir in unserer Familie in der Minderheit. Hans (5 Monate alt) hat sich da noch keine differenzierte Meinung gebildet. Elsa (7), Fritz (6) und Carl (4) flippen hingegen allein beim Gedanken an all die Süßigkeiten komplett aus. Es gibt also zwei „Halloween ist blöd"-Stimmen gegen drei „Es gibt kaum etwas Tolleres"-Voten.

In den vergangenen Jahren haben wir das recht schlicht gelöst: Sophie und ich haben Halloween einfach zufällig „vergessen". Die Kinder kamen am 31. Oktober aus der Kita oder Schule, hatten einen schönen Nachmittag zu Hause, gingen abends ins Bett – und wunderten sich am nächsten Tag kurz (aber nicht übermäßig), warum ihre Kumpels alle von Süßigkeitenbergen und „Trick or Treat"-Streifzügen am Vorabend schwärmten. Wir haben dann schnell das Thema gewechselt und für ein weiteres Jahr war Ruhe.

Leider wurden wir inzwischen durchschaut – und so standen wir dieses Jahr vor der Entscheidung, wie wir mit diesem komplett unchristlichen Fest umzugehen haben. Ich sprach mit einer Freundin darüber. Sie (selbst Christin und Mutter von zwei etwas älteren Kindern) sagte zwei Dinge, die mich inspirierten: „Bei mir gibt's keine Skelette, keinen Horror, kein Blut. Fledermaus, Pirat – das ist schon okay. Ich feiere schließlich nicht den Tod. Ich feiere, dass meine Kinder leben!" Und: „Eigentlich halte ich nicht viel von Verboten. Denk daran, dass du deine Werte weitergibst. Sag ihnen doch einfach, was du magst und was nicht."

Ich setzte mich also mit Carl, Fritz und Elsa hin und wir sprachen darüber. Ich: „Ihr wollt ja so gern Halloween feiern. Das verstehe ich. Mir gefällt es aber nicht, wenn man Spaß daran hat, andere Leute zu erschrecken, oder es cool findet, mal so richtig böse zu sein." Die Kinder schienen verdutzt. Elsa: „Ich will mich doch als super-liebe Hexe verkleiden!" Carl: „Und ich als lustiger Pirat!" (Fritz schwieg. Vermutlich überlegte er, wie sein Wunschkostüm – Darth Vader – wie ein Wohltäter wirken könnte.) Ich: „Außerdem finde ich Erpressung blöd. Wenn ihr ‚Süßes oder Saures' an der Tür sagt, heißt das: ‚Gib uns Süßes, sonst gibt's Saures!' Ihr droht also mit einem Streich."

Nun waren die Kinder wirklich verdattert. Elsa fasste es in Worte: „Ach so! Ich dachte, das heißt: ‚Gib uns etwas Süßes oder etwas Saures, zum Beispiel Brause.'" Nein, erpressen wollten sie niemanden. Elsa hatte die zündende Idee: „Wir sagen einfach: ‚Süßes oder Süßes!'" Deal! Und so zogen wir an Halloween von Tür zu Tür. Eine liebe Hexe, ein lustiger Pirat und ein ziemlich niedlicher Darth Vader. Sie riefen: „Süßes oder Süßes!", wir lernten die Nachbarschaft kennen, plauderten, füllten Süßigkeiten-Tüten, teilten die Beute – und hatten ein richtig schönes Familien-Abenteuer.

Mir fällt es nicht leicht, unseren Umgang mit Halloween biblisch zu begründen. Ich kenne und respektiere Christen, die an Halloween ein Warnschild an die Haustür kleben, dass sie dieses Fest ebenso ablehnen wie dämonische Kostüme. Und mit Blick nach vorn weiß ich, dass ich in den nächsten Wochen wieder von Christen lesen werde, die der weltlichen Erfindung Weihnachtsmann den Kampf ansagen. Vielleicht habe ich es mir mit Halloween zu leicht gemacht. Mir fiel spontan nur dieser Vers ein, als ich über die Gottgefälligkeit nachdachte: „Ich bitte dich nicht, sie aus der Welt herauszunehmen; aber ich bitte dich, sie vor dem Bösen zu bewahren" (Johannes 17,15; NGÜ). Ich lebe in dieser Welt, mit all ihren Bräuchen. Aber ich kann versuchen, meine Kinder dabei vor dem Bösen zu bewahren – mit Gottes Hilfe.

„LASST DIE KINDER ZU MIR KOMMEN – AUCH WENN SIE KEINEN BOCK HABEN!"

SITUATIONEN, IN DENEN ES NICHT SO LÄUFT

Vor Kurzem durfte ich eine Lesung in einem Café für Obdachlose und Bedürftige in Neumünster halten. Elsa (8), Fritz (6) und Carl (4) begleiteten mich (wie immer). Der Organisator führte uns durch die Räume. Im hinteren Bereich standen Regale voll mit Lebensmittelspenden, sogar ein Karton mit Zuckerstangen war dabei. Ich zu den Kindern: „Wir können so dankbar sein, dass wir genug zu essen haben. Es gibt Menschen, denen es nicht so geht und die …" Die Kinder unterbrachen mich: „ZUCKERSTANGEN!!!" Hektisch fuchtelnde kleine Hände. Neuer Anlauf: „Die Zuckerstangen sind nicht für euch. Freut euch, dass es Orte wie dieses Café gibt, zu denen Menschen in Not kommen können …" „Aber, Papa: Z.U.C.K.E.R.S.T.A.N.G.E.N!!!!!" Ich hatte keine Chance, hier offene Ohren für meinen spontanen Vortrag zum Thema Geben und Nächstenliebe zu finden, und es nervte mich.

Ohnehin hatte ich das Gefühl, dass ich in Sachen Jesus-Begeisterung mit den Kindern aktuell eher auf der Stelle trat. Die Abendgebete wurden in letzter Zeit anstrengend, oft von Turneinlagen auf dem Bett unterbrochen. Einmal wurde sogar abgestimmt, dass das Beten heute bitte ausfallen möge (daraufhin musste ich kurzfristig die Diktatur ausrufen). Immer seltener gingen wir in Gottesdienste in Berlin, weil mindestens eines der Kinder gerade die Kinderzeit dort unerträglich blöde fand.

Trotz all meiner Versuche, das Thema „Teilen" sympathisch wirken zu lassen, wurde sich weiterhin um jedes Bonbon gekloppt. Als wir auf einer Vortragsreise in einem christlichen Haushalt übernachten durften und einer meiner Söhne das Tischgebet sprechen wollte, kam dabei heraus: „Piep, piep, piep. Guten Appetit!" Es beschäftigte mich, dass es mir so schlecht gelang, die Kinder mehr für Jesus und für eine Zeit mit Gott zu faszinieren.

An dem Abend, als die oben erwähnte Lesung stattfand, sprach mich ein Zuhörer an und sagte, ihm würde meine Kolumne im PRO Medienmagazin gut gefallen. Na, da hatte er mich gerade in der richtigen Stimmung erwischt. Ich bedankte mich höflich, erwähnte aber auch: „Vielleicht haben Sie ja einen Tipp, worüber ich diesmal schreiben kann. Thema sollen ja Gespräche mit den Kindern über Gott sein. Aber da fällt mir aktuell so gar nichts ein." Er lächelte und sagte: „Wie wär's mit: ‚Lasst die Kinder zu mir kommen!'?" Und im selben Moment ging mir das Herz auf. Ja! Das war die Perspektive, die mir gefehlt hatte.

Vielleicht liege ich falsch, doch mir sagte der Vers in meine Situation: Natürlich soll ich unsere Kinder zu

Jesus kommen lassen. Ich helfe ihnen auch gern dabei, den Weg zu finden. Und wenn dort Steine liegen, räume ich sie mit Freuden weg. Aber ich muss sie nicht schieben oder zwingen, nicht antreiben, nicht hinzerren. Ich muss sie einfach nur in seine Nähe kommen lassen.

Es war falsch von mir, von ihrem Glaubensleben eine Lernkurve wie nach diversen Klavierstunden zu erwarten. Der US-Pastor und Bestseller-Autor Rick Warren erinnerte mich neulich in einem YouTube-Video daran, wie bewegend es ist, Kinder beim Schlafen zu beobachten. Auch ich habe mich daraufhin mal wieder neben ihre Betten gesetzt und ihnen zugeschaut, wie sie schlummern, atmen, sich eingekuschelt haben. In diesen Minuten schrumpften meine Erwartungen an sie auf null und die Liebe zu ihnen überwältigte mich. Sie sind nicht nur meine geliebten Kinder. Sie sind auch Gottes geliebte Kinder. Und obwohl auch ich Erwartungen immer wieder enttäusche, bin ich das auch.

LIEBE CHRISTEN, IHR SEID SPITZE!

ERFAHRUNGEN AUF VORTRAGSREISEN, BEI DENEN EINIGE MEINER KINDER FAST IMMER DABEI SIND

Neulich erzählte mir ein Christ, wie er mit sich selbst haderte, weil er einen entfernten Verwandten nicht vorbehaltlos ins Herz schließen konnte (auf Deutsch gesagt: Er konnte ihn nicht gut leiden – und dafür gab es gute Gründe). Mein Gesprächspartner suchte den Fehler bei sich und bat Gott um Veränderung.

Ich staunte. Mal wieder. Schon oft war mir aufgefallen, wie selbstkritisch sich viele Christen sehen. Wie sie Witze über sich selbst und die eigene Schrulligkeit machen und dabei gar nicht amüsiert dreinschauen. Wie sie enttäuscht feststellen, wie weit sie noch entfernt sind von ihrem Ziel, Jesus ähnlicher zu sein.

Deshalb möchte ich an dieser Stelle einmal laut und in Großbuchstaben rufen: CHRISTEN SIND SPITZE! Natürlich nicht perfekt, es gibt auch in christlichen Gemeinschaften Abgründe. Aber nachdem ich nun seit einigen Jahren im Schnitt zwei Mal im Monat Gemeinden zu Vorträgen besuchen darf und fast immer drei unserer vier Kinder (4, 6, 8) dabeihabe, kann ich sagen: Menschen mit christlicher Prägung haben oft viele Tugenden, Werte und Eigenschaften so sehr verinnerlicht, dass ihnen gar nicht mehr auffällt, wie außergewöhnlich „spitze" sie sind.

Häufig übernachten wir auf diesen Vortragsreisen in christlichen Familien. Immer wieder verblüfft es mich, mit welcher Begeisterung und Wärme wir empfangen werden (Gastfreundschaft), wie gleichmütig unsere Gastgeber damit klarkommen, wenn unsere Kinder sich mal nicht von ihrer besten Seite zeigen, sondern rumhibbeln und quengeln (Geduld), wie sie alles mit uns teilen (Selbstlosigkeit). Wie wir diskutieren und höflich streiten können, ohne dass einer am Ende Sieger sein will (kein Zorn, keine Rechthaberei).

Ich bin nach solchen Wochenenden dankbar, wieder etwas gelernt zu haben – oft über Nächstenliebe und darüber, wie Glaube – wie Gott – Gutes in Menschen bewirkt und im Alltag sichtbar wird. Da meine „Umkehr" erst acht Jahre zurückliegt, fällt es mir vielleicht stärker auf als den Christen selbst. Wenn Sie diesen Text also lesen und gerade unzufrieden mit sich selbst sind, achten Sie doch mal darauf, wie anders und besonders Sie sind. Ich jedenfalls empfand es als eines der schönsten Geschenke in meinem neuen (Christen-)Leben, nun Teil dieser wundervollen Gemeinschaft sein zu dürfen. Und ich hoffe sehr, dass es uns gelingt, unseren Kindern viele dieser Werte schon früh mit auf den Weg zu geben.

Apropos Kinder: In dieser Kolumne soll es ja um „Gespräche mit Kindern über Gott und die Welt" gehen. Deshalb nun ein krasser Themenwechsel und ohne tiefere Botschaft einfach ein paar Gespräche mit den Kindern über Gott, die mich fröhlich gemacht und/oder überfordert haben: Elsa (8): „Papa, betet Gott eigentlich zu sich selbst?" Ich: „Hä?" Elsa: „Naja, er hat uns doch gemacht und wohnt in uns. Wenn er in uns wohnt, dann betet er ja auch mit uns zu Gott." Carl (4): „Gott schläft nie! Kann er ja auch nicht." Ich: „Warum?" Carl: „Wir haben gesungen: ‚Er hält die ganze Welt in seiner Hand.' Wenn er einschlafen würde, dann würde er uns doch fallen lassen …" Ich beim Vorlesen aus der Kinderbibel: „Der erste Mann hieß Adam. Wie hieß die erste Frau?" Kind 1 (anonym, damit sie sich später nicht schämen): „Rippe!" Kind 2: „Edelhelm." Ich habe keine Ahnung, wer dieser Edelhelm sein mag. Angeblich kam er im Bibelunterricht vor.

KIRCHE IST WIE VEREINSHEIM – UND SIE FEHLT UNS

VON DER SEHNSUCHT NACH ANDEREN CHRISTEN IN CORONA-ZEITEN

Sehr gern würde ich an dieser Stelle von einem tiefgründigen Glaubensgespräch mit unseren Kindern (1, 5, 7, 8) über die Corona-Pandemie schreiben. Doch in Wahrheit liefen unsere Konversationen zum Thema ungefähr so ab: „Na, habt ihr Fragen an Gott wegen Corona?" „Nö." „Sprecht ihr in dieser Krisenzeit manchmal zu ihm, wenn ihr allein seid?" Betretenes Schweigen. Dann Kind 1: „Nicht so oft. Er sagt meistens nichts. Aber neulich hat er in mir gesprochen." Ich hellhörig: „Was hat er dir gesagt?" Unverständliches Gemurmel, das von einem ausufernden Lachanfall erstickt wird. Ich frage erneut nach. Die glucksende Antwort: „Ich glaub, er hat ein Bäuerchen gemacht …" (Ich denke, für solche Momente wurde das Handy-Emoji mit den rollenden Augen erfunden …)

Es hat mich aber auch erleichtert, wie schnell Corona für die Kinder zu einer Normalität geworden ist. Wie wenig es sie aus der Bahn geworfen hat. Die Beschränkungen nerven sie, sie sorgen sich um die älteren Menschen, sie vermissen ihre Freunde in der Schule und

Kita. Sie haben die Ernsthaftigkeit begriffen. Aber sie hadern nicht. Ich hatte da größere Schwierigkeiten und war auch deshalb fast froh, dass mich die Kinder in dieser Zeit nicht mit Glaubensfragen löcherten. Ich hätte wenige beantworten können.

Die erste Podcast-Predigt kurz nach dem Verbot von Versammlungen erwähnte Corona mit keinem Wort. Es überraschte mich, wie heftig mich das enttäuschte. Offenbar war meine Suche nach Antworten größer, als ich angenommen hatte. Dann lernte ich, wie komplex die Angelegenheit ist und dass es DIE EINE christliche Antwort auf die Krise nicht gibt. Besonders aber spürte ich in dieser Zeit, wie sehr mir der (auch physisch) direkte Kontakt mit Christen fehlte und wie wichtig er war und ist. Auch und besonders für die Kinder.

DANKE FÜR DIE GEMEINSCHAFT

Ich gebe mein Bestes, Jesus in ihren ansonsten recht weltlichen Alltag zu integrieren. Wir beten gemeinsam, in ihre Spotify-Playlist baue ich neben Lena und Mark Forster auch mal „Gott hat alle Kinder lieb" ein, ich erkläre ihnen, warum ich von Aberglauben nichts halte, beim Vorlesen schiebe ich zwischen den „Drei Fragezeichen Kids" und dem „Grüffelo" immer mal wieder die Kinderbibel ein.

Doch erst jetzt habe ich begriffen, wie groß der Anteil von Religionsunterricht und Gottesdiensten an einem kindlich-christlichen Fundament ist. In den Kinderzeiten wurde der Glaube für Elsa, Fritz und Carl zum Gemeinschaftserlebnis mit anderen kleinen Christen. Zeit mit christlichen Freunden und Familien zeigte ihnen, wie selbstverständlich und völlig normal ein Weg mit Jesus ist. Livestreams und Podcasts können das nicht ersetzen.

Liverpool-Trainer Jürgen Klopp hat mal gesagt: „Kirche ist wie ein Vereinsheim, wo man reingeht und die richtigen Leute trifft." Nun habe ich gelernt, wie wichtig diese richtigen Leute sind. Wie sie gerade Kindern dabei helfen, Glauben nicht als eine Lehrveranstaltung kennenzulernen, sondern als gelebte Realität – als Normalität in einer Welt, in der Glaube nicht immer als ganz normal gilt. Zwar kann auch ich meinen Teil dazu beitragen – aber ersetzen kann ich diese Leistung nicht.

Danke für die Gemeinschaft, die uns aktuell so fehlt! Ich freue mich, wenn wir uns alle wiedersehen können!

SCHÖNE GEDANKEN, SCHÖNE GEFÜHLE, SCHÖNER URLAUB

WIE DER GLAUBE MUT MACHEN KANN – UND WAS DER LIEBLINGSURLAUBSORT VON JESUS IST

Diese Zeilen schreibe ich in einem Glücksmoment. Seit fünf Tagen urlauben meine Frau, unsere vier Kinder (1, 5, 7, 8) und ich auf einem Campingplatz im Norden Dänemarks. Die Sonne scheint, das Dünengras biegt sich im Wind und bis zum Strand sind es etwa 400 Meter. Wir sind sehr gut darin, die Seelen baumeln zu lassen. Daher habe ich gerade viel Zeit, den Kindern beim Spielen und Toben zuzuschauen – und manchmal kann ich kaum glauben, dass diese vier Geschöpfe alle von denselben Eltern (nämlich uns) abstammen. So unterschiedlich sind sie. Wir haben das kleine Energiebündel, das witzig, pfiffig, schlagfertig ist – und den kompletten Campingplatz allein unterhalten kann. Den Sportler, der die zehn Kilometer lange Mountainbike-Strecke durch den Wald wie eine Maschine abspult. Die Vernünftige, Kreative, die sich herzerwärmend gut um ihren kleinsten Bruder kümmert.

Natürlich würde ich ihnen allen ein großes, offenes Herz und gottgegebene Liebenswürdigkeit attestieren.

Aber ebenso natürlich ist es wohl, dass ich manchmal beim Beobachten denke: „Warum …?"

Warum traust du dich nicht, den Kiosk-Verkäufer anzusprechen und um ein Eis zu bitten, während dein kleinerer Bruder damit überhaupt kein Problem hat? Warum ist es dir peinlich, wenn ich laut bei einem Lied mitsinge? Warum muss es immer NOCH eine Süßigkeit aus dem Supermarkt sein? Warum kannst du deinen Geschwistern die Freude nicht einfach gönnen? Warum wirst du motzig, wenn du bei einer Fahrradtour mal nicht ganz vorne fahren darfst?

Es fällt mir ab und zu schwer, manche Eigenschaften von unserem Quartett zu verstehen, noch schwerer, sie zu akzeptieren. Ich kapiere manchmal nicht, warum das eine Kind Angst hat, obwohl ich doch sage: „Vertrau mir, du kannst da hinunterspringen" – und ein anderes Kind längst den Hopser gewagt hat. Ich verstehe oft die Unzufriedenheit nicht, wenn ich mal nicht die Tüte Kaugummi am Kiosk kaufe, da es kurz zuvor ein Eis gegeben hatte. Es tut mir weh zu sehen, wie sich eines der Kinder schämt, nur weil es beim Fußball bislang nicht wie der zweite Messi aufspielt.

GLAUBE BEEINFLUSST GEFÜHLE

Als ich morgens durch die Dünen joggte, hörte ich einen Vortrag von Johannes Hartl vom Gebetshaus Augsburg. Es ging um Gefühle wie Wut, Scham und Angst. Eine These hat sich besonders bei mir verfangen: Gefühle sind nicht falsch und nicht richtig, erklärte

Johannes Hartl. Sie sind da. Aber Gedanken können falsch oder richtig sein. Und Gedanken nähren Gefühle. Für mich steckt da eine wichtige Glaubens-Wahrheit drin: „Schäm dich nicht!", „Hab keine Angst!" – das alles hat selten etwas gebracht. Aber wenn ich den Kindern gute Gedanken gebe, wenn ich ihnen zeige und sage, dass sie geliebt sind, wie sie sind, dass sie Vertrauen haben können, wenn sie unsicher sind – dann macht das etwas mit ihren Gefühlen. Ich glaube an Gott. Er beeinflusst meine Gedanken. Seine Liebe, seine Barmherzigkeit. Seine Antwort auf die Frage nach dem Lebenssinn. Er nimmt mir nicht sofort jede Angst oder Traurigkeit. Doch ich bin getrost und diese innere Ruhe beeinflusst meine Gefühle. Mehr Zufriedenheit, mehr Gelassenheit, mehr Zuversicht, Liebe.

Nach einer recht steilen Abfahrt auf oben erwähnter Mountainbike-Tour jubelte Elsa (8): „Hurra! Ich habe noch mein erstes Leben!" „Dein erstes?" „Ja, wenn ich gestorben wäre, hätte ich ja immer noch mein zweites bei Gott gehabt!"

Dieser Gedanke – ihr Glaube – hatte ihr Mut gemacht. Ich war dennoch froh, dass sie einen Helm auf dem Kopf hatte.

PS: Fritz (7) ist ziemlich sicher, dass Dänemark der Lieblings-Urlaubsort von Jesus wäre: „Hier gibt's ja so viel Wasser, und es würde ihm bestimmt Spaß machen, über die Wellen zu laufen. Außerdem gibt's bei uns auf dem Campingplatz einen Swimmingpool."

GESCHENKE VON EINEM UNBEKANNTEN FREUND

BEDINGUNGSLOSE FREUNDLICHKEIT

Ich bin restlos begeistert von einem Spiel in der Klasse unserer Tochter Elsa (8). Sie nennen es: „Der unbekannte Freund". Jede Woche zieht jedes Kind heimlich den Namen eines Mitschülers. Ihm oder ihr tut man dann in den nächsten sieben Tagen anonym etwas Gutes. Das kann eine nette Notiz sein, eine kleine Aufmerksamkeit oder einfach eine höfliche Geste. Elsa zum Beispiel hat einen kleinen Gummi-Ottifanten geschenkt bekommen, sich ein Loch in den Bauch gefreut und gerätselt, wer dahinterstecken könnte. Am Ende der Woche wird dann aufgelöst und die nächste Runde ausgelost.

Das Spiel ist so schlicht, dass ich eine Weile grübeln musste, warum es mir so außergewöhnlich gut gefällt. Meine persönliche Antwort: Weil es kein „Wenn …, dann …" gibt. Keine steife Moral: „Wenn du gut zu mir bist, bin ich gut zu dir", „Wenn du mir ein Geschenk machst, dann mach ich dir auch eins".

Für Elsa war der Ottifant nur ein kleiner Teil der Freude, die sie in dieser Woche in dem Spiel erlebte. Mindestens ebenso toll fand sie es, sich auszudenken, was sie selbst ihrer „unbekannten Freundin" geben könnte. Sie entschied sich für sieben ermunternde Briefchen, einen an jedem Tag. Das war keine Pflicht, um selbst etwas zu bekommen – sondern einfach der Spaß daran, anderen etwas Schönes zu geben. Kein „Wenn …, dann …".

Das erinnerte mich an eine der wertvollsten Bibel-Entdeckungen, die ich machen durfte, als ich mich vor ungefähr zehn Jahren dem Glauben näherte. Damals wühlte ich mich intensiv durch das Neue Testament und war sprachlos, wie aktuell und klar viele Botschaften von Jesus und Paulus waren. Ich versuchte deshalb, mir jeden Imperativ zu notieren, um eine Art Anleitung fürs perfekte Christsein zu erstellen. Auch jedes „Wenn …, dann …" schrieb ich mir auf. Denn auch solche Verse gibt es reichlich in der Bibel: „Wenn ihr an meinen Worten festhaltet und das tut, was ich euch gesagt habe, dann seid ihr wirklich meine Jünger." (Johannes 8,31; HfA). „Wenn ihr vergebt, dann wird auch euch vergeben." (Lukas 6,37; HfA).

LIEBE OHNE VORLEISTUNG

Irgendwann stockte mein Schreibfluss, und es fühlte sich falsch an, was ich da tat. Wenig später ging mir ein Licht auf: Ich hatte gedanklich immer ein „nur" vor diese Sätze gesetzt: „Nur wenn ihr das tut, was ich euch gesagt habe …", „Nur wenn ihr vergebt …" Ich hatte begonnen, aus der größten Freiheits- und Liebesbotschaft ein starres Regelwerk zu erstellen. Motto: Erst gehorchen, dann die Belohnung. Dabei durfte ich es genau andersherum erleben: Ich bin ein geliebtes Gotteskind, ohne dass ich dafür irgendetwas hätte leisten müssen. Und erst in dieser Gewissheit und in dieser Liebe bin ich frei genug, dass ich gerne auf Gottes Wort hören will. Dass ich gerne Vergebung üben möchte. Dass ich Gott vertrauen lernen möchte.

Was hat das mit dieser Kolumne zu tun? Immer wieder werden wir Eltern zur Konsequenz gemahnt. Wer „Wenn …, dann …" sagt – so heißt es in allen Ratgebern –, der muss es auch durchziehen. „Wenn du nicht mit dem Quatsch aufhörst, dann gehen wir sofort nach Hause …" Auch ich benutze diese Floskeln so oft, dass die Kinder inzwischen manchmal den Spieß umdrehen: „Wenn du mit uns zu McDonald's gehst, sind wir den ganzen Tag lang brav." So herum hört es sich plötzlich an wie Erpressung.

Dies soll kein Abgesang auf klare Regeln sein oder auf Konsequenzen, wo sie nötig sind. Aber ich habe mir vorgenommen, viel öfter im Alltag „Der unbekannte Freund" zu spielen. Es macht wirklich Spaß. Und abends erzähle ich den Kindern dann von ihrem Freund im Himmel. Ihrem Freund, der nicht unbekannt bleiben will – und der in diesem Spiel der Beste ist.

KINDERLACHEN IM LOCKDOWN

ERKENNTNISSE AUS EINEM WOCHENENDE AM SEE

Das erste Wochenende im „Lockdown light" wurde für uns zu einem der schönsten der letzten Monate. Weil das Rezept dafür so denkbar einfach war, möchte ich es hier mit Ihnen teilen.

Man nehme …: einen Wald. Fertig. Alle fröhlich.

Seit knapp einem Jahr dürfen wir Böckings uns Dauercamper nennen. Wir haben uns eine kleine Parzelle auf einem Platz in einem Kiefernwald 30 Kilometer nördlich von Berlin gepachtet. Bis zum zwischen den Bäumen versteckten See sind es ungefähr 80 Meter. Unsere Unterkunft ist ein Bauwagen, den ein unbekannter Vorbesitzer in grauer Vorzeit mit Brettern so ausgebaut hat, dass es nun sogar eine Küche und ein übersichtliches Wohnzimmer gibt. An jenem Freitagabend Anfang November brachen Elsa (8), Fritz (7), Carl (5), Hans (1) und ich wieder dorthin auf. (Meine Frau macht sich nicht sooo viel aus verwitterten Wald-Baracken ohne fließendes Wasser …)

Die Eisdiele in der Nähe: geschlossen. Das Café am Strand: dicht. Tierpark als Ausflugsziel: zu.

Lockdown.

Wir hatten keine Pläne – zum ersten Mal seit Ewigkeiten. Ich war mir nicht sicher, wie die Kinder auf das

Unter-Angebot reagieren würden. Sie reagierten, wie wir es uns immer wieder in Bullerbü-Romantik vorstellen – aber viel zu selten ausprobieren: Zunächst waren sie die „Baum-Doktors". Es wurden Salben aus Sand, Blättern und Erde gemischt, um Rinden-Verletzungen fachmännisch zu behandeln. Am Strand trainierten sie erfundene Karate-Moves und wälzten sich theatralisch im Dreck. Fritz schlich sich so nah an ein Eichhörnchen heran, dass er erkennen konnte, dass es einen winzigen Kiefernzapfen zwischen den Pfoten hielt. Wir bauten gemeinsam ein kleines Holzboot mit Rad-Antrieb per Gummiband. Fritz kochte für alle Dosen-Ravioli am Gasherd.

An Tag 2 ruderten wir im Schlauchboot über den See und eroberten als Piraten einen verwaisten Spielplatz. Wir entdeckten offenbar von Bibern gefällte Bäume am Ufer und sammelten die typischen Späne. Wir schnitzten lustige Gesichter in Kürbisse, die vor lauter Freizeitstress im Oktober nicht geschnitzt worden waren. Manchmal schien die Sonne. Oft war es diesig. Sechs bis acht Grad. Egal. Es war herrlich.

EINFACH UND GUT

Der Schauspieler Paul Walker („The Fast and the Furious") hat mal gesagt: „Ich verstehe nicht, wie man Atheist sein kann. In meiner Freizeit bin ich immer in der Natur und gehe surfen, snowboarden, jagen. Und wenn ich mich dann umsehe, denke ich mir: ‚Wie kann man inmitten dieser großartigen Natur nicht glauben, dass es

Gott gibt? Soll das hier alles ein Zufall oder ein Fehler sein? Mich haut das einfach nur um.'"

Mir hat dieses Zitat immer gefallen. An diesem Wochenende kam die Einsicht hinzu: Die Schöpfung kann nicht nur als Gottesbeweis dienen – sondern auch als Spielplatz, der völlig ausreicht. Einfach nur Bäume, ein See, eine alte Hütte. Freude über Zeit miteinander. Kein Stundenplan, sondern Mini-Abenteuer. Herzleuchten bei jedem fröhlichen Quieken der Kinder. So simpel, innerlich zur Ruhe zu kommen.

Als wir abends gemeinsam beteten, sagten die Kinder, für sie sei heute „alles schön" gewesen. Ich dachte an einen meiner Lieblingsverse: „Es soll euch zuerst um Gottes Reich und Gottes Gerechtigkeit gehen, dann wird euch das Übrige alles dazugegeben" (Matthäus 6,33; NGÜ). Der Satz ist für mich auch eine Einladung, das Hier und Jetzt in Gottvertrauen zu genießen.

Wir sind versorgt und behütet. Wir müssen auch den Kindern nicht immer noch mehr bieten. Nicht ständig: noch krasser, noch wilder, noch teurer. Diese Erkenntnis ist nicht sehr überraschend, nicht sehr vielschichtig. Eher einfältig. Einfach. Aber **manchmal ist einfach** – und das war meine Lehre – **eben einfach gut.**

LIEB GOTT DIE DINOS NUR EIN PAAR STUNDEN LEBEN?

GLAUBEN UND DENKEN

Morgens, 7.30 Uhr, an einem ganz normalen Wochentag in Lockdown-Zeiten: Elsa (9) hat sich kurz auf dem Sofa zusammengerollt, ehe sie um 8 Uhr in der digitalen Schulstunde vor dem Laptop antreten muss. Die anderen drei Kinder (1, 5, 7) schlafen noch, meine Frau und ich wuseln umher, um alles vorzubereiten. Plötzlich grübelt Elsa laut nach: „Sag mal, Papa, Wissenschaft und Religion vertragen sich echt nicht gut, oder? Wenn Gott alles in sieben Tagen geschaffen hat und den Menschen am sechsten – dann hätten die Dinos ja nur einige Stunden gelebt, weil die schon ausgestorben waren, als die Menschen kamen. Aber das ist ja Quatsch."

Die Frage kam etwas überraschend, und ich war mir nicht sicher, ob ich mich über die Gedanken freuen sollte, die sich Elsa zum Thema machte, oder ob ich etwas geknickt zur Kenntnis nehmen musste, dass es nun vorbei war mit dem kindlichen, fraglosen Glauben.

Ich entschied mich für das Erste und wir begannen zu plaudern. Denn eine schöne Erfahrung, die ich auf meiner Glaubensreise machen durfte, war, dass ich den Kopf nicht ausknipsen musste, um mit Herz und

Seele an Jesus zu glauben. 2010 hatte ich als Journalist bei mehreren Katastrophen (Haiti-Beben, Gruben-
Unglück in Chile, Loveparade-Tragödie in Duisburg)
immer wieder Christen getroffen, die mich tief beein-
druckten. Sie hatten mir von Jesus erzählt und es hatte
mich neugierig gemacht. Aber – wie Elsa heute – hatte
ich viele Fragen. Und als Journalist lag es mir nicht im
Blut, mich kopfüber in ein Glaubensabenteuer zu stür-
zen. Stattdessen entschloss ich mich zu einer Recherche,
die drei Jahre lang dauerte. Ich hinterfragte alles, suchte nach Belegen für die biblischen Geschichten, nahm
verblüfft zur Kenntnis, wie viele hochrangige (Natur-)
Wissenschaftler – sogar Nobelpreisträger – Christen
waren, und machte die Entdeckung: Mein Gehirn darf
quietschfidel sein, logisch denken, rational, kritisch, hin-
terfragend – und trotzdem ist es möglich, an Gott zu
glauben und sich von ihm finden zu lassen.

Natürlich war ich nicht der Erste, der sich nicht nur
im Herzen, sondern auch mit dem Kopf in Jesus ver-
lieben wollte. So verschlang ich Bücher wie „Der Fall
Jesus. Ein Journalist auf der Suche nach der Wahrheit"
von Lee Strobel oder „Begründet glauben" von Stephan
Lange. Ich las, wie (historisch) exzellent bezeugt Jesus
ist. Wie umfangreich die Quellenlage zu ihm ist im
Vergleich zu anderen Weltereignissen, die wir als Fakt
in den Schulbüchern lernen. Ich widmete mich auch
den brillanten Menschen, die nichts mit dem Glauben
am Hut haben. Selbst atheistische Genies wie Stephen
Hawking konnten den Schöpfergott nicht widerlegen.

Sie glaubten einfach nicht daran. Was aber vor dem Urknall war, wer die Naturgesetze gemacht hat – das kann niemand beantworten. Wir können uns erklären, was seit dem Moment des Urknalls passierte, aber nicht, was ihn ausgelöst hat. Oder wer. Ein Naturgesetz? Oder ein Schöpfergott? Beides ist vernünftig.

GLAUBE IST NICHTS FÜR DENKFAULE

Genau diese Fragen trieben an diesem Morgen auch Elsa um. Sie konnte mir selbst nicht sagen, woher die Denkanstöße gekommen waren. Aber es beschäftigte sie, wer eigentlich Gott erschaffen und womit alles begonnen hatte. Je länger wir sprachen, desto mehr freute ich mich über ihren wachen Geist. Niemals möchte ich unsere Kinder zum Glauben zwingen. Sie sollen fragen, kritisieren, zweifeln. Ich kann versuchen, ihnen mit meinen Antworten zu helfen (so glaube ich in der Schöpfungsgeschichte nicht an einen klassischen 24-Stunden-Rhythmus und gönne den Dinos daher einige Lebensjahre mehr). Aber es wäre Unfug zu behaupten, ich könne ihnen für alles Erklärungen liefern.

Ich bin dankbar, dass uns auch in der Bibel immer wieder Zweifler und Haderer begegnen und die Weisheit eine so große Rolle spielt. Der Glaube ist nichts für Denkfaule. Die Wissenschaft hilft uns beim Rätseln über Gottes Wunder. Je komplizierter es wird, desto mehr beeindruckt mich Gott mit seiner Schöpfung.

WIE VIEL MUT TUT GUT?

VON MUT UND VERTRAUEN

Es ist ein Privileg, dass ich diese Kolumne schreiben darf. Heute möchte ich einen guten Teil davon nutzen, um jemand anderen zu Wort kommen zu lassen.

Ein Pastor und Missionsleiter wies mich auf ein Zitat von Martin Luther hin, das so spannend in dieser Corona-Zeit ist, dass ich es mit Ihnen teilen möchte. Schon während der Pest gab es wohl die Diskussion, wie man sich vernünftig in so einer Krise verhält. Und Luther antwortete während eines lokalen Ausbruchs auf die Bitte um Rat im Jahr 1527 so:

„Wohlan, der Feind hat uns durch Gottes Verhängnis Gift und tödliche Krankheit hereingeschickt. So will ich zu Gott bitten, dass er uns gnädig sei und wehre. Danach will ich auch räuchern, die Luft reinigen helfen, Arznei geben und nehmen, Orte und Personen meiden, wo man meiner nicht bedarf, damit nicht ich selbst verwahrlose und dazu durch mich vielleicht viele andere vergiftet und angesteckt werden und ich ihnen durch meine Fahrlässigkeit zur Ursache des Todes werden würde. Will mich mein Gott indes haben, so wird er mich wohl finden. So aber habe ich getan, was er mir zu tun gegeben hat, und bin weder an meinem eigenen Tod noch an dem des anderen schuld. Wo aber mein Nächster mich braucht, will ich weder Ort noch Person meiden,

sondern frei zu ihm gehen und helfen, so wie oben gesagt ist.
Siehe, das ist ein rechter gottesfürchtiger Glaube, der nicht
dummkühn und frech ist und der Gott auch nicht versucht."

Ich finde diese Idee stark! Angstfrei, aber nicht
„dummkühn" (was für ein hübsches Wort)! Vorsichtig, umsichtig – aber nicht zitternd im Schneckenhaus.
Mutig – nicht dämlich. Es ist ein großer Sprung vom
Mega-Thema Corona zu Wochenend-Ausflügen mit
den Kindern. Doch „Mut" spielt auch im Kleinen seine
Rolle. Ich war in den vergangenen Wochen oft verdutzt,
wie weit da die Ansichten auseinandergehen: Was traue
ich meinen Kindern zu? Wo ermutige ich sie? Wovor
muss ich sie beschützen?

LIEBER EINE SCHRAMME ALS EIN LEBEN IN WATTE

Beispiel Eislaufen: Nach vielen Tagen Dauerfrost ging
ich mit unserem Nachwuchs-Quartett auf Schlittschu-
hen auf einen zugefrorenen See. Natürlich habe ich
vorher die Eisdicke überprüft. Es war herrlich. Abends
erfuhr ich dann, dass anderswo Familien mit Polizei-
Helikoptern vom Eis geholt worden waren. Auf Twitter
las ich, wie leichtsinnig Väter wie ich sein müssen. Das
hat mich beschäftigt. Ich halte mich nicht für einen ge-
dankenlosen Hallodri, der das Leben seiner Kinder aufs
Spiel setzt. Aber bei unseren Geocaching-Abenteuern
lasse ich unsere Neunjährige an Seilen hoch in Bäume
klettern. Wir erforschen alte Bunker und Ruinen, wo
oft Scherben rumliegen und Steine in Mauern wackeln.
Wenn sie eine Böschung runterrollen möchten: Sollen

sie doch. Niemals würde ich sie bewusst einem Todes-
risiko aussetzen. Aber eine Schramme oder ein dicker
blauer Fleck sind mir lieber als ein Leben in Watte.
„Denn Gott hat uns nicht einen Geist der Ängstlichkeit
gegeben, sondern den Geist der Kraft, der Liebe und
der Besonnenheit", heißt es in 2. Timotheus 1,7 (NGÜ).
Es wurde der Taufspruch für eines unserer vier Kinder
(1, 5, 7, 9). Und ich hoffe, dass unsere Leine für sie lang
genug ist, dass sie diese Tugenden entwickeln können.
Mein Ex-Kollege Alexander von Schönburg schreibt in
seinem Buch „Die Kunst des lässigen Anstands", jede
Tugend liege genau in der Mitte zwischen zwei Lastern.

Der Mut, den ich unseren Kindern vorleben möchte,
ist die Mitte zwischen Feigheit und Tollkühnheit. Dieser Mut ist nicht die Abwesenheit von Angst. Er ist das
Vertrauen auf das eigene Können, auf die Eltern und
auf Gott.

DAS NULL-BOCK-GEBET

DAS GEMEINSAME ABENDGEBET ALS FESTES RITUAL

Nicht immer haben die Kinder Lust auf das Gespräch mit Gott. Gut, dass es bei ihm andersherum ist. Vor Kurzem hat Carl – unser Fünfjähriger – ein Lied aufgeschnappt. Es heißt schlicht: „Ich hab kein' Bock!" Es ist jetzt sein Lieblings-Song. Als wir neulich unser Abendgebet schlossen mit einem „Lieber Gott, nun schlafen wir ein, schicke uns dein Engelein ..." und Carl beharrlich schwieg, fragte ich ihn, warum er nicht mitbeten mag. Seine Antwort sang er: „Ich hab kein' Bock! Ich hab überhaupt kein' Bock." Gefolgt von einem breiten Grinsen.

Auch wegen dieser Szene musste ich in den Tagen danach oft übers Beten nachdenken. Jedes unserer Kinder tickt da ein wenig anders. Fritz (8) zum Beispiel hat mir schon einige Male erzählt, dass er manchmal auch für sich allein betet. Worüber er dabei mit Gott spricht, das bleibt sein Geheimnis. Für mich ist Gebet noch immer ein Abenteuer, das ich erst sehr, sehr spät entdeckt habe. Eigentlich erst vor knapp zehn Jahren. Bis heute tue ich mich schwer, zum Beispiel in Bibelgruppen laut vor anderen zu beten. Die Wirkung war mir nie so richtig klar, bis andere angefangen haben, für mich zu beten. Was für ein Geschenk das ist! Wie toll es sich anfühlt, wenn Christen ihre guten Gedanken für dich an Gott richten.

Zwar hatte ich selten den unmittelbaren „Bittet, so wird euch gegeben"-Effekt (Matthäus 7,7). Aber schon mehrfach durfte ich wundersame Momente erleben, in denen ich mir sicher war, dass Gott hier wohl ein Gebet erhört hatte.

Erst vor wenigen Tagen merkte ich, wie Gott mir durch eine kleine Krise half – und kurz danach bekam ich überraschend eine WhatsApp einer entfernten Bekannten, die mir mitteilte, sie habe genau zu dieser Zeit für mich gebetet. Weil Gott es ihr aufs Herz gelegt hätte. Ich weiß, dass das für viele zu abgefahren klingt. Aber auch das gehört für mich zu der unerklärlichen Kraft von Gebeten.

BETEN UND PLAUDERN

Ein Durchbruch war für mich, als ich lernte, dass Beten nicht gleich Plappern bedeutet. Sondern auch Stille sein kann. Hinhören. In sich hören. Meditation. Wenn sich plötzlich Antworten ergeben und es innerlich leuchtet. Weil die Standleitung zu Gott spürbar wird. Mit solchen spirituellen Innenansichten brauche ich den Kindern gar nicht zu kommen. Das überzeugt sie (noch) nicht. Trotzdem genießen wir jeden Abend unsere Gebetszeit. Wir sitzen dann alle auf dem Bett, erzählen uns von den Erlebnissen des Tages – und irgendwann gleitet das Gespräch über in ein Gebet. Meist starte ich mit Dank, aber auch mit Bitten, mit Fürbitten, mit Bekenntnissen von Fehlern und Schwächen. Danach übernimmt eines der Kinder. Das läuft nicht immer sehr fromm ab. Kommt ein Kind ins Stocken, und ich ermuntere es: „Erzähl Gott doch mal von deinen Wünschen", folgt meist etwas wie „Ich will 'nen Hund!". Oft wechseln wir auch vom Gebet zurück ins Miteinander-Plaudern. Und trotzdem: Diese Minuten sind für uns ein festes, gutes Ritual der Ruhe im sonst oft hektischen Alltag. Ich nehme es Carl nicht übel, wenn er mal „kein' Bock" hat. Irgendwann wird er hoffentlich zu schätzen wissen, dass Gott immer „Bock" auf IHN hat – und dass er sich für jeden unserer kleinen Gebetskreise Zeit nimmt, mitten unter uns zu sein.

VIELLEICHT KANN FREUDE GLAUBEN WECKEN

Es ist mein großer Wunsch, dass unsere Kinder (2, 6, 8, 9) Jesus besser und besser kennenlernen. Dass sie irgendwann ganz erwachsen und rational die Glaubensfreude teilen, die ich erst mit Mitte 30 entdeckt habe. Aber manchmal tue ich mich doch recht schwer, sie dabei an der Hand zu nehmen.

Einige Beispiele:

Einem unserer Jungs schien es längere Zeit völlig logisch, dass er später einmal zu Gott kommt – allerdings nicht, ohne vorher noch der Welt ein paar Besuche als Zombie abgestattet zu haben (ein Gedanke, den er durchaus „cool" fand). Es war nicht leicht, ihm den Unterschied zwischen dem zu erklären, was für mich die Wahrheit ist (Gott), und diesen Produkten der Grusel-Industrie.

Als im ersten Teil der Narnia-Chroniken der König Pflanzen und Tiere erschafft, erinnerte das die Kinder sofort an Gottes Schöpfung – nach einer kurzen Pause bemerkte eines von ihnen: „Das ist so, als würde man bei Minecraft alles auf einmal spawnen" (bedeutet sinngemäß: Alle Spielfiguren erscheinen im Spiel). Bibel hier, Computerspiel dort.

Manches überfordert ihre Vorstellungskraft. In einer Andacht über die Unveränderlichkeit Gottes fiel immer wieder der Begriff „Ewigkeit". Das machte ihnen zu schaffen. Was war vor Gott? Nichts? Damit gaben sie sich nicht zufrieden. Während ich darauf vertraue, dass ich nicht alles verstehen muss, wollen die Kinder ausgerechnet von mir präzise Antworten hören. Leider kann ich diese sehr oft nicht liefern. Die Zeit, in der sie einfach alles für wahr halten, was ich für wahr halte, geht allmählich – zumindest bei den älteren – zu Ende. Natürlich habe ich professionelle Hilfe. Unsere Kinder besuchen eine evangelische Schule mit Religionsunterricht. Dort werden ihnen Gleichnisse erläutert. Und dank einer großen Auswahl christlicher Kinderliteratur muss ich mir keine Andachten ausdenken, sondern bekomme sie servierfertig aus dem Bücherregal. Doch wie können wir Eltern die kindliche Jesus-Forschung darüber hinaus unterstützen?

Beeindruckt hat mich die Perspektive einer katholischen Freundin. Sie hatte intensiv den letzten Gottesdienst vor der Kommunion für die Kommunionskinder vorbereitet. Als wir über ihren Antrieb sprachen, sagte sie sinngemäß: „Ich wünsche mir von Herzen, dass die Kids das gute Gefühl behalten, dass es schön ist in der Kirche. Dass sie willkommen sind und dass diese Gewissheit ihren eigenen Glauben stärkt. Meine Worte werden ihnen keinen Glauben schenken. Aber meine Freude vielleicht. Alles andere liegt in Gottes Hand." Wie wahr! Natürlich liegt es an uns, ein Basiswissen zu vermitteln. Und es ist sinnvoll, nicht jede Frage mit „Öh, keine Ahnung" zu beantworten. Aber wir selbst sind lebenslang Lernende. Wir können nur erfüllt von Gottes

Liebe unsere Freude vorleben. Unsere Werte. Unseren Glauben. Mit all unseren Unzulänglichkeiten und Fehlern. Und wir können ihnen vorleben, wie Gottvertrauen geht, indem wir auf Gott vertrauen, dass er auch ihre Schritte in den Glauben leiten wird.

EIN WOCHENENDE IM TENNISPLATZ-WOHNWAGEN

Willkommen zu unserem Wochenend-Ausflug! Seit ich 2016 mein erstes Buch „Ein bisschen Glauben gibt es nicht" veröffentlichen durfte, werde ich überraschend häufig zu Vorträgen eingeladen. Eigentlich sind wir etwa zwei Mal im Monat irgendwo in Deutschland unterwegs. Corona hat für eine lange Pause gesorgt. Nun war es endlich wieder so weit. Auf nach Malmsheim bei Stuttgart! Männervesper.

Samstagmorgen: Wir starten zu dritt. Schlanke sechs Stunden Zugfahrt. Wir hatten schon wunderbare Begegnungen auf diesen Fahrten. Einmal trafen wir im Familienbereich auf andere Christen, und die Kinder spielten den Kampf David gegen Goliath nach. Diesmal beschließt Carl, dass er für einige Momente der Fahrt fünf statt sechs Jahre alt und daher von der Maskenpflicht befreit ist. Elsa (9) empört sich naturgemäß und erinnert mich an das „Du sollst nicht lügen"-Gebot. Zum Glück fragt niemand Carl nach seinem Alter.

Unsere unfassbar freundlichen Gastgeber bringen uns zu einem Freizeitgelände im schwäbischen Nirgendwo. Ein Platz mit Bänken, Leinwand, eine Hütte, ein Bolzplatz, Lagerfeuer, ein Tennis- und ein Spielplatz. Daneben ein Maisfeld. Herrlich! Komischerweise fremdeln die Kinder zwar oft, aber nie in dieser christlichen Herzlichkeit und Gastfreundschaft. Sie toben, spielen, dürfen Maiskolben pflücken, während ich meinen Vortrag halte: „Ein bisschen Glauben gibt es nicht. Meine Überraschungen als Christen-Grünschnabel".

Es ist für mich noch immer ein Geschenk, dass ausgerechnet ich Vorträge halten darf. Das liegt natürlich an meinem Job bei BILD, nicht an besonderer Rhetorik oder theologischer Weisheit. Die hab ich nämlich nicht. Weil wir aber in der Bibel oft zum Bekenntnis aufgefordert werden, nehme ich so viele Einladungen wie möglich an, um von meiner Jesus-Liebe zu berichten.

CHRISTSEIN WIRD ZUM LEBENSSTIL

Wieder darf ich erfahren, wie schön und lohnend es ist, sich auf solche kleinen christlichen Challenges einzulassen und überall laut und fröhlich von seinem Glauben zu erzählen. Ich lerne großartige Menschen kennen, höre Lebensgeschichten von Beharrlichkeit im Glauben, die mich tief beeindrucken, und bekomme auch das Feedback, dass es sich für die Zuhörer gelohnt hat.

Extra für uns haben unsere Gastgeber einen Wohnwagen auf den alten Tennisplatz gestellt. Und so schlafen die Kinder und ich allein in der Natur in einem Wohnwagen in absoluter Stille. Auf der Rückreise treffen wir einen offenbar mittellosen Pfandflaschensammler. Die Kinder sind tief bewegt. Wollen wissen, wie so etwas sein kann. Elsa gibt ihm all ihr Kleingeld. Carl überlegt, ob er sich über das Kuscheltier freuen würde, das er selbst gerade von unseren Gastgebern geschenkt bekommen hat. Und ich spüre eine große Dankbarkeit für solche Ausflüge: Die Kinder haben keine Predigt gehört, waren in keiner Bibelstunde – aber hatten ein Wochenende in der Gemeinschaft mit Christen. Mit Großzügigkeit, Offenheit, Wärme, Mitgefühl. In diesem Moment geben sie etwas davon weiter. In diesem Moment ist ihr Christsein nicht nur Ritual, Abendgebet oder Religionsunterricht – sondern ein Lifestyle, der ihnen an dem Wochenende intensiv vorgelebt worden ist. Vielleicht die schönste Art, Glauben zu erleben.

WENN ICH MICH WIE EIN CHRISTEN-KLEINKIND FÜHLE

Staunend wie ein Kleinkind bin ich mit Mitte 30 frisch bekehrt in die Glaubenswelt eingetaucht. Bis heute – also etwa neun Jahre später – hält diese kleinkindliche Verblüfftheit an. Damit meine ich nicht nur die ständigen Überraschungen und Abenteuer, die einem auf dem Weg mit Jesus begegnen. Sondern auch die sehr irdische Komplexität der Christenwelt. Landeskirchen, Freikirchen, Evangelikale, Methodisten, Baptisten, Charismatiker, Pietisten. Liberale, Konservative, Fundamentalisten. Ich fühle mich manchmal wie ein Erstklässler, den das alles überfordert.

Vor einigen Wochen wurde mir die „Worthaus"-Podcast-Reihe „Das Wort und das Fleisch" empfohlen. Nie hätte ich gedacht, dass mich mehr als 20 Stunden Gelehrten-Gespräch über die verschiedenen christlichen Strömungen und Kirchen und deren neuere Geschichte derart fesseln können. Ich habe unfassbar viel gelernt – und möchte zwei sehr praktische Erkenntnisse hier teilen.

Es ist völlig okay, nicht auf alles eine christliche Antwort zu haben! Denn DIE EINE Antwort, die alle Christen hinter sich vereint, gibt es meist nicht. Auf einer größeren Skala führte diese Uneinheitlichkeit zu der oben erwähnten kunterbunten Christen-Landkarte. Aber auch für mich persönlich habe ich zum Beispiel gelernt: Wenn ich keine Probleme mit Homosexualität habe, liegt es nicht daran, dass ich zu wenig in der Bibel gelesen habe oder mir der eine entscheidende Vers entgangen ist. Es gehört zur Lebens- und Kirchenrealität, dass wir Christen nicht in allem einig sind – nicht am Glaubens-Stammtisch und nicht in den Hinterzimmern der Gelehrten. Mit mangelndem Wissen oder mangelnder Erkenntnis hat das oft nichts zu tun. Wenn wir zu sehr auf die Lehre achten, laufen wir Gefahr, dass die Gute Nachricht dahinter verblasst. In meinen ersten Jahren als Christ war ich oft entsetzt, wenn ich mir christliche Diskussionen zum Beispiel auf Facebook durchlas: Ich war glückselig über die Rettung durch Jesus und dachte, meine neue Glaubensfamilie würde den ganzen Tag in ähnlichem Taumel Gott lobpreisen. Stattdessen flogen ständig die Fetzen. In den Podcasts gab es die historische Einbettung zu all den Konflikten. Für mich hörte es sich oft an, als sei man manchmal so sehr mit Rechthaberei, mit Dogmatismus und mit Wortklauberei beschäftigt, dass man die Liebe dabei aus dem Blick verlor. Leider ging es in der historischen Betrachtung nicht um kontroverse Internet-Posts, sondern oft gleich um Kirchenspaltungen.

FÜR JESUS STATT GEGEN ETWAS

In einer Folge lautet die Empfehlung der Podcaster: „Ich denke nach. Ich gehe ins Gebet. Ich suche Gesprächspartner. Ich bin verwirrt." Das klingt zunächst nicht befriedigend. Aber es ist befreiend. Kopf einschalten, beten, diskutieren – bereit, nicht auf alles sofort eine Antwort zu haben. In dem Willen, nicht nur GEGEN etwas zu sein, sondern allem voran FÜR etwas. Für jemanden. Für Jesus. Diese Offenheit möchte ich gern auch unseren Kindern weitervermitteln. Ich muss heute noch nicht alles kapieren. Sie erst recht nicht.

Für den Anfang reicht das eine: „Denn Gott hat der Welt seine Liebe dadurch gezeigt, dass er seinen einzigen Sohn für sie hergab, damit jeder, der an ihn glaubt, das ewige Leben hat und nicht verloren geht." (Johannes 3,16, NGÜ)

„WENN ERWACHSENE BETEN, KLINGT DAS LANGWEILIG!"

HEUTE SCHREIBT ELSA VON GESPRÄCHEN MIT IHREN GESCHWISTERN UND IHREM VATER ÜBER GOTT

Papa redet sehr oft mit mir über Gott. Manchmal habe ich keine Lust darauf und finde es nervig. Zum Beispiel, wenn Papa sagt: „Was hätte Jesus in so einer Situation getan?", wenn meine Brüder und ich uns streiten. Das nervt, weil es gerade meine Angelegenheit ist und ich in dem Moment keine Lust habe, über Jesus nachzudenken. Weil ich eben sauer bin.

Jeden Abend betet Papa mit uns. Das nervt auch manchmal, weil es jeden Tag dasselbe ist. Aber es ist oft auch schön. Ich weiß nicht, warum. Erst mal fragt Papa, wer anfangen möchte zu beten. Dann melden sich meistens Fritz (der achtjährige Bruder) und ich, und Papa nimmt den dran, der gestern nicht dran war. Wir erzählen, was wir toll und nicht so toll fanden an dem Tag. Und am Schluss beten wir das Vaterunser. Meistens aber: „Lieber Gott, nun schlafen wir ein, schicke uns dein Engelein. Dass es treulich bei uns wacht durch die ganze lange Nacht. Alle schütze, die wir lieben, alles Böse uns vergebe. Und kommt der helle Morgenschein, lass uns wieder fröhlich sein. Amen!"

Dabei denke ich oft an Gott und an meine Freunde. Und an meine Erzieherin und meine Oma, die gestorben sind. Ich bete dann, dass es ihnen gut geht und dass Gott ihnen viel Essen gibt im Himmel und dass sie Engel sind. Aber das bete ich nur in meinem Kopf und sage es nicht laut. Manchmal fällt es mir schwer, mich auf Gott zu konzentrieren.

Bei Erwachsenen klingt es immer so weise und langweilig, wenn sie beten. Kinder wollen lieber etwas anderes erzählen. Manchmal etwas, das vielleicht gar nicht so zu dem Göttlichen gehört. Ich glaube, Papa und ich beten anders. Er sagt, dass wir immer beten können. Aber wie denn? Rund um die Uhr? Auch im Unterricht? Wenn ich aufpassen soll? Oder etwas machen soll?

Ich glaube an Gott. Ich habe auch einen Beweis, dass es ihn gibt. Aber den erzähle ich nicht. „Behandle andere so, wie du selbst behandelt werden möchtest" – das versuche ich zu machen. Das klappt aber nicht immer, wenn mich jemand richtig ärgert.

Ich finde es schade, dass ich Jesus nicht sehen kann. Papa sagt oft, dass er immer da ist. Ich merke das aber nicht, und Papa guckt dann traurig. Ich glaube nicht, dass Erwachsene so viel daran ändern können. Das kann nur ich und das ändert sich mit der Zeit. Gott ist wichtig für mein Leben.

Ich wünsche mir, dass ich später auch Kinder habe, die nett sind und nicht klauen. Mit ihnen werde ich auch beten. Hoffentlich glauben sie auch an Gott.

Väterliche Anmerkung: Den ersten Teil hat Elsa allein geschrieben. Danach hat sie mir diktiert. Vieles habe auch ich zum ersten Mal gehört. Ab morgen werde ich das Abendgebet kunterbunt und abwechslungsreicher gestalten. Während sie redete und ich tippte, malte Elsa ein Herz und schrieb „Papa", dann „Mama" – und sagte: „Falls Gott ein Mädchen ist."

WARUM MACHT GOTT NICHT, DASS DER KRIEG AUFHÖRT?

Der Glaube an Gott bringt enorm viele Geschenke mit sich. Als ich vor zehn Jahren das erleben durfte, was viele als „Umkehr" bezeichnen, konnte ich eine Menge Päckchen auspacken. Große: Lebenssinn, Vergebung, Freiheit, Trost, Mut, Hoffnung, Selbstlosigkeit, Dankbarkeit. Aber auch sehr pragmatische, kleinere: gute Laune, mehr Gelassenheit, mehr Verständnis für andere.

Ein Hauptgewinn bei meiner Entdeckung des Glaubens war: Zuversicht. „Das Beste kommt erst noch" – darüber hatte mal ein Pastor gepredigt und dabei viele Bibelstellen zitiert, die mich berührt hatten. In der Offenbarung heißt es etwa: „Er wird ihnen alle Tränen abwischen. Es wird keinen Tod mehr geben, kein Leid, keine Klage und keine Schmerzen." (Offenbarung 21,4 HfA)

Ich glaube fest daran, dass das Beste noch vor uns liegt. Dass Jesus und das Gute am Ende siegen werden. Das Problem an dieser großen geistlichen Hoffnung: Kinder finden das nicht ganz so einleuchtend und tröstlich. Sie wollen nicht, dass irgendwo Bomben fallen. Egal, wie schön das Ende der Zeit auch sein mag.

Damit sind wir beim Thema „Krieg in der Ukraine". Bis auf unseren Zweijährigen beschäftigt und bedrückt er natürlich alle in der Familie. Wenn man Carl (6), Fritz (8) oder Elsa (10) dann mit „Gottes Wege sind unergründlich" kommt, bringt das keinen einen Schritt weiter. Es gab viele Artikel, wie man mit Kindern über den Krieg sprechen sollte. Ja, man soll ihnen erklären, was dort passiert. Nein, man soll ihnen keine schlimmen Bilder von Zerstörungen zeigen. Und man möge immer wieder betonen, dass es weit weg ist und sie weiter ruhig schlafen können. Dennoch kamen wir beim Abendgebet immer wieder ins Stocken. „Lieber Gott, bitte mach, dass Putin aufhört, die Menschen anzugreifen!" – Und am nächsten Morgen gab es neue Bilder von Verwüstung und Leid. Natürlich wurde schon oft nicht jede Bitte im Gebet prompt erfüllt. Aber Kniffe wie „SEIN Wille geschehe, nicht deiner" oder „Vielleicht verstehen wir später, wozu das gut war" funktionierten hier nicht mehr.

Wenn Sie einen Rat haben, was man Kindern antworten kann auf die Frage: „Warum macht Gott nicht, dass der Krieg aufhört?", schreiben Sie es mir gern: daniel.bocking@gmail.com. Auf die große Frage fand ich bislang keine kindgerechte Antwort.

Was ich aber beobachten durfte: wie Gott im Kleinen wirkt. Kaum gab es die erste Anfrage einer geflüchteten Familie um Hilfe, räumte Elsa ihren Kleiderschrank aus und trennte sich von vielen lieb gewonnenen Stücken. Die Kinder sammelten ihr Erspartes und trugen es zu einer Spendendose. Ganz von allein. Die Gebete drehten sich auf einmal nicht mehr nur um uns selbst, sondern widmeten sich den Menschen in der Ukraine (auch wenn Carl recht häufig erwähnte, dass Gott bitte

Putin vors Schienbein treten möge). Ich bin nicht in der Lage, den Kindern den großen göttlichen Trost in diesen trüben Tagen zuzusprechen. Aber ich darf erleben, wie Gott im Kleinen die Herzen bewegt. Nächstenliebe, Mitgefühl und Barmherzigkeit sind etwas Riesiges für die Kleinsten.

„LIEBER GOTT, WIR HÄTTEN DA NOCH EIN PAAR FRAGEN."

Im „Hohelied der Liebe" (1. Korinther 13) heißt es: „Jetzt erkenne ich nur Bruchstücke, doch einmal werde ich alles klar erkennen." Ich finde, dieser Vers hat eine entspannende Wirkung. Wir müssen im Hier und Jetzt noch nicht alles verstehen. Offene Fragen sind okay. Mich hat es aber sehr berührt, wie viele Leserinnen und Leser mir auf meine Frage aus der vergangenen Kolumne geantwortet haben. Dort hatte ich berichtet, wie schwer es mir fällt, unseren vier Kindern (2, 6, 9, 10) zu erklären, warum Gott nicht das Leid der Opfer im Krieg gegen die Ukraine verhindert. Ich kann hier nicht alle Antworten auflisten. Es ging um den freien Willen (Böses zu tun), um die gefallene Welt, um viele konkrete, passende Verse.

Aber ich erhielt auch Nachrichten mit der kurzen Botschaft: „Diese Antwort werden wir zu Lebzeiten nicht mehr bekommen." Vielen Dank! Mich hat es klüger gemacht und mir Wege eröffnet, in neue Glaubensgespräche mit den Kindern zu kommen. Weil es offenbar auch vielen von Ihnen Freude bereitet hat, sich auf kindliche Fragen einzulassen, habe ich Carl, Fritz und Elsa gebeten, mir ungefiltert alle ihre Fragen zu Gott zu stellen. In der Hoffnung, dass Sie, liebe Leser, uns wieder neue Impulse schenken. Unter den Fragen die Kurzversionen meiner Laien-Antworten. Los geht's:

WIE SIEHT GOTT AUS?

Ich weiß es nicht, es spielt keine Rolle und ein Bildnis sollen wir uns eh nicht von ihm machen. Aber das „Papa"-Bild zieht sich durch die Bibel und ist vielleicht hilfreich. Außerdem heißt es, dass wir nach seinem Ebenbild erschaffen worden sind.

IST GOTT EIN MANN ODER EINE FRAU?

In der Bibel wird er als „Vater" und „Herr" dargestellt. Aber Gott hat kein menschliches Geschlecht.

WIE KAM ER AUF DIE IDEE, MENSCHEN ZU MACHEN?

Aus Liebe, nicht aus Einsamkeit. Er hatte Freude an der Schöpfung.

WARUM HAT ER GEMACHT, DASS WIR SO AUSSEHEN, WIE WIR AUSSEHEN?

Weil er es kann.

WARUM HAT GOTT MÜCKEN GEMACHT?

Die Wege des Herrn sind unergründlich … Und Mücken sind wichtig fürs Ökosystem. Als Beute!

GIBT ES DEN TEUFEL WIRKLICH?

Ja, es gibt das Böse, das uns auf falsche Wege lockt. Aber nicht wie in Gruselgeschichten mit Hörnern und Ziegenfuß.

WARUM HAT GOTT GEMACHT, DASS MENSCHEN SO VIEL EINFÄLLT?

Wir sind nach seinem Ebenbild gemacht. Kreativität – Schöpferkraft – kommt von ihm. Elsa (10) und Carl (6) sinnieren über die großen Fragen des Lebens – oder machen einfach Pause bei Oma und Opa im Siegerland.

WER HAT GOTT GEMACHT?

Niemand. Er ist der Schöpfer. Es fällt uns schwer zu verstehen, dass es einen „Anfang" gab. Aber es gab ihn. Biblisch wie wissenschaftlich.

WAS FÜR LEBEWESEN KOMMEN, WENN WIR ALLE TOT SIND?

Ich glaube, dass mit dem Ende der Menschheit auf Erden auch das Ende der irdischen Schöpfung erreicht ist – es aber für die Menschen weitergeht.

WAS PASSIERT NACH DEM TOD?

Es beginnt die beste Zeit, vor der wir keine Angst haben müssen. Und: Dann bekommen wir endlich alle Antworten!

Wer sie jetzt schon hat: gern an daniel.bocking@gmail.com. Danke schön!

LANDEIER MIT RESPEKT

BÖCKINGS SIND UMGEZOGEN

Wir sind jetzt Landeier! Vor einigen Tagen sind wir von Berlin in ein Dorf nördlich der Hauptstadt gezogen. Vorher hatte ich sehr viel Zeit mit Beten verbracht. Mein Plan war, diesen Umzug mit meiner Frau Sophie und unseren Kindern Elsa (10), Fritz (9), Carl (7) und Hans (3) auch für einen frischen Start in allen Bereichen zu nutzen: Was wollen wir anders machen als bisher? Womit wollen wir aufhören? Was können wir neu als Familie starten? In Gebetszeiten purzelten die Impulse nur so vor meine Füße. Aber neben all dem „schnell eine neue Gemeinde finden" und „mindestens alle 14 Tage ein Candle-Light-Date zu zweit" blieben am Ende nur zwei Worte leuchtend übrig: Zeit und Respekt.

ZEIT: Ich hatte es mir so vorgestellt, dass wir in einer ruhigen Minute zusammenkommen und unsere Veränderungsideen besprechen, beschließen und sofort umsetzen. Doch diese ruhige Minute kam nicht. Es gibt immer etwas zu tun bei einem Umzug mit großer Familie von einer Wohnung in ein altes Haus. „Jedes Ereignis, alles auf der Welt hat seine Zeit", sagt die Bibel (Prediger 3,1; HfA). Und natürlich: „Meine Zeit steht in deinen Händen" (Psalm 31,16; LÜ). Den zweiten Vers hatte ich immer auf den Zeitpunkt meines

Ablebens gemünzt. Doch nun gab er mir Ruhe und Rat: Wir haben Zeit. Es braucht nicht diesen großen Hauruck-Beschluss-Moment, der sofort alles ändert. Wir sind auf einem Weg und haben nicht alles selbst in der Hand. Wir dürfen Gott vertrauen. Und: Unterschiedliche Menschen brauchen unterschiedlich viel Zeit für Veränderung. Die Kinder zum Beispiel freuen sich zwar über den nahe gelegenen Badesee, aber betrauern auch den Abschied von Freunden. Sie brauchen Zeit. Zuhören, ernst nehmen, gemeinsam das Neue erforschen und sich verändern. Dort gemeinsam losgehen, wo sie gerade mit ihrem Herzen stehen (so machen es übrigens auch Jesus und Paulus bei vielen Gelegenheiten). Nicht dort, wo ich jetzt schon gern mit ihnen wäre.

RESPEKT: Wir brauchen gerade viel gegenseitigen Respekt. Manche Sorge der Kinder, die sie abends im Gebet äußern, mag mir klein und übertrieben vorkommen. Aber es sind ihre echten Sorgen. Ebenso können sie meine manchmal nicht nachvollziehen („Schaffe ich es mit der neuen Bahnverbindung pünktlich zur Arbeit?"). Ich habe in diesen Tagen des Umzugs noch mehr als sonst darauf geachtet, nicht der „Papa mit der Lösung" zu sein. Sondern ihnen stärker zu zeigen, dass sie in ihren Ängsten („Wird mich die neue Klasse mögen?") nicht allein sind.

Gönnen Sie mir den kleinen Stunt, vom Familienumzug in die großen Gesellschaftsdebatten zu springen. Denn Respekt ist ein Wort, das mich gerade sehr beschäftigt: Paragraf 219a, Gendersprache bis hin zu

Corona-Maßnahmen: Wir brauchen mehr Respekt! Die Bibel lehrt uns Respekt vor dem Individuum und vor Gottes Schöpfung. Wir dürfen unterschiedlicher Meinung sein – und uns dennoch mögen. Wir müssen Sorgen und Bedenken anderer nicht teilen, sollten sie aber ernst nehmen. Wenn ich Social-Media-Debatten zu diesen Themen verfolge, ist Respekt mein Herzens-Appell in diesen Tagen. Von meinem großen Umzugs-Neustart-Vorhaben sind diese zwei Worte geblieben. Alles zu seiner Zeit. Im respektvollen Miteinander. Wenn diese zwei Wahrheiten zu Bausteinen in unserem neuen Zuhause werden, bin ich dankbar.

FRÜHER AUFSTEHEN FÜR JESUS

Als wir vor einigen Wochen aus Berlin aufs Brandenburger Land gezogen sind, brachte das auch einen Schulwechsel für unsere Kinder (3, 7, 9, 10) mit sich. Die drei Großen waren vorher auf einer evangelischen Schule, jetzt gehen sie auf eine „ganz normale". Das bedeutet auch: Religionsunterricht ist nicht länger Pflicht, sondern freiwillig. Und nun raten Sie mal, was passiert ist … Unsere Kinder, die beim Beten gern mal einen Kopfstand-Wettbewerb im Bett machen, die lieber „Alea Aquarius" hören als das christliche Hörspiel „Der Schlunz", die mit deutlich mehr Inbrunst „Die schönsten Tage war'n schon immer die Nächte" schmettern als „Sei ein lebend'ger Fisch" – ja, diese Kinder haben sich für Religionsunterricht entschieden! Zusätzlich! Freiwillig! Ohne Druck oder Betteln! Und in einem Fall bedeutet das: Schulbeginn um 7.30 Uhr, 45 Minuten früher aufstehen. Aber sie wollen gern zur Reli-Stunde. Hurra! Damit hätte ich nie gerechnet. Und gerade deshalb hat es mich enorm gefreut.

Ich habe schon oft davon berichtet, dass ich ein wenig planlos bin bei dem Unterfangen, den Kindern die Jesus-Liebe weiterzugeben, ohne sie zum Glauben zu überreden oder ihnen gar zu verbieten, nach rechts und links zu schauen und selbst einen Weg zu suchen. Urplötzlich darf ich beobachten, dass Früchte wachsen, ohne dass ich das Gefühl habe, besonders kenntnisreich gesät zu haben.

SAMEN GEHT AUF

Neulich tobte Fritz mit wedelnden Armen durch die Natur und rief: „Ich bin ein Fluggott!" Prompt ermahnten ihn die Geschwister, dass es nur einen Gott gebe. Dann feixten sie rum und einigten sich darauf, dass es halt Quatsch-Götter in Spielen und Filmen geben könne, aber die natürlich etwas komplett anderes seien als der echte Gott. So wie die Mutter einer Schraube und die Mutter von Kindern. Dasselbe Wort – völlig unterschiedliche Bedeutungen. Ich fand, das war eine nahezu reife Betrachtung von ihnen.

Meine Reli-Unterricht-Verblüffung habe ich prompt mit den Kindern geteilt. „Ich hatte so oft das Gefühl, dass euch der Glaube gar nicht so wichtig ist wie mir! Beim Abendgebet macht ihr auch meist Faxen." Hossa, da war die Empörung groß. Wie ich auf so etwas komme? Carl berichtete zum Beispiel davon, wie Gebete ihm gegen Albträume helfen. Dass er danach keine Angst mehr habe. „Keine Ahnung, wie Gott das macht. Aber es klappt." Immer wieder hatte ich das Gefühl, dass ich als Vater mehr tun könnte, um unsere Kinder zu christlicher Begeisterung zu führen. Regelmäßiger in die Kinderzeiten, mehr Bibelgeschichten vorm Schlafengehen. Aber vielleicht muss ich das gar nicht allein schaffen. Sondern darf auch hier getrost auf Gott vertrauen. Nicht zum Glauben erziehen, sondern Glauben (vor-)leben – mit allen Fehltritten und Patzern.

„HEY, GOTT, ICH BIN SAUER AUF DICH!"

„Ich bin sauer auf Gott", murmelte Elsa (10) traurig. Ich saß neben ihr am Krankenbett auf der Kinderstation und konnte ihren Kummer verstehen. Am Tag zuvor hatte sie eine Mandel-OP gut überstanden. Drei Tage Klinik. Ihre Zimmernachbarin war ein Mädchen in Elsas Alter. Und beide hatten sich prächtig verstanden. Sie hatten Tierarzt mit ihren Kuscheltieren gespielt, dann Uno – es passte vom ersten Moment an. Blitz-Freundschaft auf Station 17. Doch nun war Elsas Freundin weg. Das Mädchen hatte die Klinik verlassen dürfen. Wir waren wieder allein in dem 3-Bett-Zimmer. Unklar, ob die zwei sich je wiedersehen werden. Das kindliche Vergnügen war mit dem Mädchen ausgezogen. Das machte Elsa richtig traurig. „Ich bin sauer auf Gott. Ich habe gebetet, dass meine Freundin noch einen Tag länger bei uns bleibt. Aber das ging schief", schimpfte Elsa mit dünner, OP-geschwächter Stimme. Ich überspringe den erwartbaren Teil zum Thema Gebet – von „Dein Wille geschehe" (nicht, wie ich es will) bis „Gottes Wege sind unergründlich". Das hat Elsa alles schon gehört. War in diesem Moment aber kein Trost.

GOTT ERTRÄGT UNS GEDULDIG

Mir fielen da am Krankenbett zwei andere Punkte auf: Gott ist eine tägliche Herausforderung. Und: Gott ist lässig. Eine tägliche Herausforderung: Gott ist so gewaltig groß, dass wir ihn nie ganz verstehen werden. Trotzdem macht es Spaß und bringt es uns weiter, es immer mal wieder zu versuchen. Beispiel: Ja, für Elsa war es schade, dass ihre Freundin sie verlassen hatte. Für die Familie des Mädchens war es ein Segen. Sie war zur Beobachtung in der Klinik, musste wegen unerklärlicher Kopfschmerzen viele Tests machen. Dass sie gehen durfte, bedeutete: Alles ist in Ordnung. In ihrer kindlichen Klugheit hatte Elsa das auch längst innerlich begriffen. Und genau da begann für sie die Herausforderung: Habe ich auch in der Enttäuschung Vertrauen auf Gott? Glaube ich daran, dass er ein guter Lenker ist, auch wenn er mir nicht jeden Gebetswunsch prompt erfüllt? Vielleicht, weil er es einfach besser weiß?

Ich liebe Elsas Umgang mit der Situation. Denn sie entschied sich für Vertrauen – und Motzen. Sie zweifelte weder das Gebet noch Gott an. Auch nicht seine göttliche Perspektive, mit der unsere Gebetsanliegen eventuell manchmal nicht mithalten können. Aber sie nahm sich als geliebtes Gotteskind die Freiheit heraus, ihre Enttäuschung auszusprechen. Mal sauer auf Gott zu sein. Ich glaube, Gott ist lässig genug, damit schmunzelnd und mit liebevollem Blick umzugehen (die Bibel zeigt uns so viele Stellen, in denen er muffelige Erdenmenschen geduldig erträgt). Mehr noch: Ich glaube, dieses Streiten und Hinterfragen gehört zu der lebendigen Gottesbeziehung und macht sie fester und tiefer. Es wird nie langweilig.

Diesen Text schreibe ich mit einem Tag Verspätung. Bis gestern hätte ich die Kolumne in die Redaktion schicken sollen. Leider zu viel Stress. Und das ist allein mein Fehler. Wir alle haben dieselben 24 Stunden, jeden Tag. Niemand hat „keine Zeit". Alle haben gleich viel. Klar, es gibt Phasen, da müssen wir eine Menge Pflichten erledigen, und es gibt ruhige Momente. Aber am Ende setzen wir selbst die Prioritäten. Gott möchte unsere Prio 1 sein (und dass wir ihn lieben mit ganzem Herzen, ganzer Hingabe, ganzer Kraft und ganzem Verstand; Lukas 10,27). Es hätte also weit oben auf meiner Liste stehen müssen, einen Text schreiben zu dürfen, der ihn feiert. Aber viel zu leicht lasse ich mich ablenken von vermeintlich wichtigeren Dingen.

Ich hole so weit aus, um von unseren Abendgebeten zu erzählen. Denn hier hatten unsere Kinder (3, 7, 9, 11) und ich jeden Tag dasselbe Problem: Mal ganz schnell, weil wir spät dran sind. Mal nur mit halbem Herzen, weil dieses Spielzeug gerade viel interessanter ist, mal auswendig runtergerattert, weil der Kopf ganz woanders ist. Kurz vor Weihnachten haben wir uns vorgenommen, das zu ändern. Mehr Zeit und Fokus auf diesen Gebetsmoment. Wir lesen jetzt zusammen in der Kinderbibel. Danach machen wir ein Jesus-Quiz (Idee der Kinder), dann beten wir. Hans (3) setzt sich immer bei dem auf den Schoß, der gerade an der Reihe ist. Danken, bitten,

Fürbitte, Bitte um Vergebung, Lob – alles kann, nichts muss. Es ist zum Ritual geworden, dass jeder sein/ihr Gebet beschließt mit: „… und ich fand Mama toll, ich fand Elsa toll, ich fand Fritz toll, ich fand Carl toll" und so weiter. Der oder die Gelobte freut sich dann kurz extra euphorisch und alle sind glücklich.

Unser Gebet ist zu einer schönen Pausenzeit geworden. Keine christliche Pflicht, sondern Luft holen, Gemeinsamkeit, reflektieren. Ein tägliches Geschenk. Ich hoffe, dass die Kinder diesen Wert erkennen und mitnehmen: sich Zeit mit und für Gott zu nehmen, für seine Lieben und sich selbst, Meditation, Bibel-Lektüre – das bereichert das Leben und stiehlt keine wertvollen Minuten. Mein Chef hat mir vorhin einen Termin gegeben, der genau in die Zeit meiner Bibelgruppe fällt. Ich habe um Verschiebung gebeten. Kein Problem. Arbeit ist wahnsinnig wichtig. Viele Aufgaben drängen. Aber unsere Zeit steht in Gottes Händen (Psalm 31,16).

PS: Elsa schrieb neulich unaufgefordert diese Zeilen für mich über unsere Abendgebete. Sie haben mich enorm berührt, denn so etwas hat sie noch nie gemacht. Ich habe sie gefragt, ob es okay ist, diesen Text hier zu teilen. Sie hat sehr überzeugt „Ja" gesagt.

„Der Geist über den Wolken ist der VATER VON Jesus: Er ist der, der uns Frieden bringt, Glück und Spaß ohne Ende, Freude. Wünsche erfüllt. Er ist mein Vorbild. Er ist mächtig. Er bringt Frieden auf die ganze Welt. Darum beten wir

auch jeden Tag, lesen vom 1. bis zum 24. Adventstürchen die Bibel. Er ist Gott."

Elsa

WAS ÄNDERT SICH, WEIL ES GOTT GIBT?

GOTT IST NAH UND GLEICHZEITIG UNBEGREIFLICH

Elsa (11) und ich haben eine Dauer-Diskussion: Sie kann mit der „Dreieinigkeit" noch so gar nichts anfangen. Für sie ist das klar geregelt: Es gibt Gott (den Vater), Jesus (den Sohn und Erlöser) und den Heiligen Geist. Das führt dazu, dass für sie das Jesus-Opfer eine echte Herausforderung ist: Wie konnte der Vater den Sohn ans Kreuz gehen lassen? Dass Gott sich quasi selbst geopfert hat – dagegen sperren sich ihre Gedanken. Ich möchte Sie nicht mit den Details dieser Gespräche langweilen (versprochen: Ich gebe mein Bestes). Aber ich merke in solchen Momenten immer wieder: Der kindliche Alltagsglaube hat mindestens zwei Ebenen:

Es gibt zum einen das Große, das in Teilen gerade für Kinder Unbegreifliche; das, was oft sehr weit weg erscheint. Dazu gehören zum Beispiel: Trinität, Vergebung durch den Kreuzestod, Sieg durch Auferstehung, Hoffnung auf ewiges Leben.

Zum anderen hält der Glaube – gerade für Kinder – sehr viel Pragmatisches bereit, das sie sofort verstehen und das ihr Leben bereichert:

Das Wissen, bedingungslos geliebt zu sein, sorgt für Selbstsicherheit im Hier und Jetzt.

Die Zehn Gebote geben einen klaren Kompass.

Nächstenliebe macht ihr Herz weich und die Augen offen für Probleme anderer.

Versöhnung vor dem Schlafengehen schützt vor Bitterkeit am nächsten Morgen.

Auch mir geht es so, dass die Hoffnung auf eine Ewigkeit bei Gott mir nicht unbedingt die Laune an einem trüben Tag aufhellt. Wohl aber der Gedanke, dass ich jederzeit in einem Gebet bei Gott auftanken kann, dass ich ihm jetzt und in den nächsten Stunden Freude bereiten kann, indem ich einfach gut handle. Dann läuft nicht alles glatt – aber ich gehe mit Frieden im Herzen schlafen. Sicher ist diese irdische Zufriedenheit nicht das höchste Ziel des christlichen Glaubens. Aber neben dem „großen Ganzen" sind es solche praktischen Kleinigkeiten, die ich als gigantisches Geschenk seit meiner Umkehr zu Gott empfinde.

GLAUBE ZUM ANFASSEN

Am vergangenen Wochenende habe ich nach langer Zeit mal wieder einen Vortrag in einer Gemeinde gehalten. Carl (7), Fritz (9) und Elsa (11) haben mich begleitet. Wir übernachteten bei einer Familie aus der Gemeinde. Als wir abreisten, hatte jedes Kind ein neues Kuscheltier unterm Arm (aus dem Fundus der inzwischen erwachsenen Kinder des Paares) – und ich trug ein kleines Trampolin zum Auto. Unser Trio hatte so begeistert auf dem Gerät herumgehopst, dass unsere Gastgeber es uns einfach geschenkt haben. War schon etwas peinlich, aber auch das ist für mich anfassbarer Glaube, fern von hoher Theologie: Christen haben offene Arme, sind großzügig und selbstlos (so durften wir es zumindest oft erleben). Ich wollte die Kinder dazu interviewen: Was würdet ihr anders machen, wenn ihr nicht an Gott glauben würdet? Wo empfindet ihr es im Alltag als toll, dass es ihn gibt? Das Gespräch war zunächst ein Reinfall. Grübeln. Schweigen. Bis Elsa irgendwann zusammenfasste, wozu die anderen nickten: „Das können wir nicht beantworten. Wir wissen gar nicht, wie es ohne Gott wäre. Er ist eben da."

PS: Wir haben seit zwei Wochen einen Labrador-Welpen bei uns. Elsa besteht darauf, dass ich diesen Satz hier unterbringe: „Er ist ein Gottesgeschenk!"

Neulich durfte ich einen Vortrag in der Schweiz halten. Noch immer verblüfft mich, dass ich regelmäßig zu solchen Veranstaltungen eingeladen werde. Meiner Meinung nach habe ich nicht so viel zu erzählen, und die Spannung zwischen „BILD-Journalist mitten im Leben" und „begeisterter Vollzeit-Christ" ist auch nicht so groß, dass man damit einen Abend füllen könnte.

Ehe ich also davon berichte, wie Jesus mein Leben gerettet hat, warum es nicht peinlich ist, öffentlich an Gott zu glauben, und dass die Nachfolge ein turbulentes Abenteuer mit Happy-End-Garantie ist, starte ich meist so: Ich erkläre, dass ich kein Theologe bin, keine Weisheiten teile – sondern nur aus meinem Leben und von meiner Dankbarkeit erzählen kann.

Das flog mir dieses Mal mit Schmackes um die Ohren: Ein Zuhörer schrieb mir nachher sehr deutlich, dass solche Entschuldigungen totaler Unfug seien. Dass ich selbstverständlich eine Theologie hätte. Und dass auch Begeisterung und Aufrufe zum Miteinander und Ermutigungen theologisch begründet seien. Motto: Wir sind alle kleine Theologen und dürfen unseren Glauben mitteilen – egal, ob wir es studiert haben oder nicht.

Was bei mir hängen blieb: Theologie ist nichts Trockenes, dem man sich nur intellektuell widmet, bevor man wieder ins echte Leben geht. Die „Lehre von Gott" ist ganzheitlich, betrifft jeden Moment unseres Alltags, und oft ist es kein „Reden darüber", das bei anderen die Neugier weckt, sondern ein „Handeln danach". Weniger „theologisches Kopf-Wissen", mehr „theologische Alltags-DNA". Unsere Kinder (3, 7, 10, 11) sind nicht unbedingt die Speerspitze religiösen Sachwissens, trotz Religionsunterricht und häufiger Kinderbibel-Lektüre (unser Highlight war, als einer von ihnen vor Jahren die Frage nach dem ersten Menschen beantwortete mit „Er hieß Edelhelm").

Hat die „Lehre von Gott" trotzdem Wirkung in ihrem Leben? Haben auch sie schon ihre eigene Theologie? Gott ist immer dabei. Ich fragte sie beim Abendgebet, wie sehr ihr Glaube an Jesus ihr normales Leben beeinflusst. Wie oft am Tag denken sie an ihn? Elsa (11): „Schon öfter. Vor jedem Test in der Schule zum Beispiel." Carl (7): „Wenn ich Minecraft (ein Computerspiel) starte, bete ich immer, dass es lädt! Ich halte extra den Ladebalken zu, weil wir vielleicht nicht sehen sollen, wenn er Wunder macht."

Die Kinder wissen, dass Lügen falsch ist und viel kaputt macht. Sie haben sich schon mehrfach hinter Kinder gestellt, die unfair behandelt wurden. Sie versuchen zu teilen – auch wenn es manchmal schwerfällt. Gott ist für sie Ansprechpartner für ihre Sorgen, Hoffnung vor Schul-Arbeiten, Werte-Vermittler in dem, wie sie Dinge anpacken.

Fritz (10) antwortete auf meine Frage: „Ich denke so ein Viertel an ihn. Also immer so ein bisschen." Wenn ich ihn richtig verstanden habe, meinte er damit nicht

„in sechs von 24 Stunden", sondern „Gott ist immer irgendwie dabei – wenn auch nicht immer in der allerersten Reihe und manchmal sogar weit im Hintergrund". Er ist allgegenwärtig – und wenn wir ihn gerade nicht im Kopf haben, dann doch in unseren Herzen.

„JESUS, WARUM HAST DU MÜCKEN ERSCHAFFEN?"

WENN KINDER JESUS FRAGEN STELLEN KÖNNTEN

Ich habe eine Schwäche dafür, jeden Hype mitzumachen oder zumindest auszuprobieren. So ist es auch mit künstlicher Intelligenz (KI). Seit Monaten fuchse ich mich tief in das Thema ein, in erster Linie beruflich. Aber natürlich bekommen auch die Kinder meine Begeisterung mit.

So kamen wir neulich auf die Idee, vor unserer Gebetszeit ein wenig mit KI zu spielen.

Kurzum: Wir baten GPT (das aktuell populärste Sprachmodell), so zu tun, als sei es Jesus, damit die Kinder es mit ihren Fragen löchern durften.

Natürlich wussten sie, dass es nicht DER Jesus ist, sondern ein Chat-Bot. Aber immerhin ermöglicht GPT realistische Konversationen und wurde mit einer gigantischen Datenmenge trainiert. Das bedeutet: Es kennt die Bibel und die Theologien.

In den nächsten Zeilen versteckt sich keine Moral, und ich hoffe, Sie nehmen mir dieses Experiment nicht übel. Ich teile unser Gespräch mit Ihnen, weil ich es spannend fand zu sehen, wie eine „künstliche Intelligenz" versucht, die Lehre Jesu zu interpretieren. Und ebenso, welche Fragen den Kindern nach so vielen Abendgebeten und Bibel-Geschichten auf den Herzen liegen.

***

Hier unser Chat (in Auszügen):

Elsa (11): „Bist du Gott oder Jesus oder beide?"

ChatGPT: „Ich bin Jesus, und ich bin der Sohn Gottes. Manchmal sagen die Leute, dass ich und Gott eins sind, weil wir sehr, sehr eng miteinander verbunden sind. Es ist ein bisschen so, als wären wir in der gleichen Familie! Aber ich bin nicht Gott selbst, sondern sein Sohn."

Fritz (10): „Warum hast du das Universum erschaffen?"

ChatGPT: „Ich selbst habe das Universum nicht erschaffen, das war mein Vater, Gott. Er hat das Universum geschaffen, um Leben, Schönheit und Liebe zu teilen. Es ist ein wunderbarer Ort für Menschen, Tiere und Pflanzen, um zu leben und sich zu freuen."

Carl (8): „Wie hat es sich angefühlt, den Urknall auszulösen?"

ChatGPT: „Es ist schwer, menschliche Gefühle darauf anzuwenden, aber man könnte sagen, dass es ein überwältigender Moment der Schöpfung und Liebe war."

Elsa: „Wenn Gott alles erschaffen hat: Warum hat er Hass erschaffen?"

ChatGPT: „Das ist eine sehr tiefe Frage, Elsa. Gott hat nicht den Hass erschaffen, aber die Menschen haben die Freiheit, ihre eigenen Entscheidungen zu treffen. Manchmal wählen sie leider den Weg des Hasses. Gott möchte, dass wir lernen, liebevoll und freundlich zu sein, und er gibt uns die Chance, uns für die Liebe zu entscheiden."

Elsa: „Gott hat ja die Welt in sieben Tagen erschaffen. Warum sind sich dann nie Dinos und Menschen begegnet?"

ChatGPT: „Man könnte sagen, Gott hat verschiedene ‚Kapitel' der Erdgeschichte geschrieben, und Dinos und Menschen kommen in unterschiedlichen Kapiteln vor."

Carl: „Wie hoch ist dein IQ?"

ChatGPT: „Die Weisheit und das Verständnis Gottes liegen jenseits menschlicher Messskalen. Aber wenn es dir hilft, denke dir einfach eine sehr hohe Zahl aus. Wissen und Weisheit sind wichtig, aber Liebe und Güte sind es genauso."

Fritz: „Wusstest du schon immer, dass du mich erschaffen würdest?"

ChatGPT: „Ja, in der Vorstellung Gottes bist du von Anfang an einzigartig und geliebt. Gott kennt jeden von uns, bevor wir überhaupt geboren sind. Jeder Mensch ist ein wunderbares Werk Gottes."

Elsa: „Warum hast du Mücken erschaffen?

ChatGPT: „Mücken, so lästig sie auch sein mögen, haben ihren Platz im Ökosystem. Sie sind Nahrung für andere Tiere und einige Arten bestäuben sogar Pflanzen. Alles in der Schöpfung hat einen Grund, auch wenn es für euch manchmal unangenehm ist."

***

Elsa: „Wie war es im Totenreich?"

ChatGPT: „Nun, es war sicherlich kein Ort, an dem man Urlaub machen möchte! Aber ich war dort, um eine wichtige Aufgabe zu erfüllen und die Ketten des Todes zu brechen. Stellt euch vor, ihr spielt ein Spiel und geht durch das schwierigste Level, um allen anderen zu helfen. So ähnlich war es für mich. Aber keine Sorge, ich bin zurückgekommen, und das mit einer guten Nachricht für alle!"

Carl: „Wie haben Gott und Maria dich gemacht?

ChatGPT: „Stellt euch vor, ein kleines Wunder passiert, und das war ich in Marias Bauch. Gott hat es so eingerichtet, dass Maria, ohne je mit einem Mann zusammen gewesen zu sein, schwanger wurde. Es war ein Zeichen von Gottes Liebe und Macht."

Elsa: „Wie weiß man, was im Paradies passiert ist? Es gab ja noch kein Papier, um das aufzuschreiben."

ChatGPT: „Tatsächlich wurden die Geschichten des Paradieses und viele andere aus der Bibel zuerst mündlich weitergegeben, von Generation zu Generation. Die Menschen erzählten sich diese Geschichten am Lagerfeuer oder bei besonderen Zusammenkünften. Gottes Geist half den Menschen, sich an die wichtigen Teile der Geschichte zu erinnern, und so haben wir heute die Bibel, um sie zu lesen und daraus zu lernen. Es ist ein bisschen so, als würdet ihr eine Geschichte von euren Großeltern hören und sie dann euren Freunden erzählen. Nur, dass diese Geschichten über viele, viele Jahre weitergegeben wurden!

Fritz: „Gibt es eine Achterbahn im Himmel?"

ChatGPT: „Was für eine lustige und interessante Vorstellung! Der Himmel ist so viel mehr, als Menschen sich vorstellen können. Er ist nicht nur ein physischer Ort mit Dingen wie Gebäuden oder Achterbahnen. Es ist ein Ort der völligen Gemeinschaft mit Gott und ewiger Freude. Während es im Himmel vielleicht nicht die Art von Achterbahnen gibt, die ihr hier auf der Erde kennt, gibt es sicherlich unvorstellbare Wunder und Freuden, die viel erstaunlicher sind als alles, was ihr euch vorstellen könnt. Es ist schwer, solche Dinge in Worte zu fassen, die ein menschliches Herz oder ein menschlicher Verstand verstehen könnte, aber ich verspreche, dass es ein Ort ist, den ihr lieben werdet, wenn ihr eines Tages dorthin kommt!"

Elsa: „Wie kannst du uns in der Schule helfen?"

ChatGPT: „Wenn du vor einer schwierigen Aufgabe oder einem Test stehst, kannst du um Weisheit und Verständnis beten. Dies bedeutet nicht unbedingt, dass du plötzlich alle Antworten weißt, aber es kann dir helfen, klarer zu denken und dich zu konzentrieren. Du kannst auch um Mut und Selbstvertrauen beten. Ich kann dir inneren Frieden schenken, wenn du gestresst bist. Manchmal kann es in der Schule zu Konflikten kommen. Ich kann dir helfen, Liebe und Mitgefühl gegenüber deinen Mitschülern zu zeigen, auch wenn es schwierig ist. Denke daran, in jeder Situation, auch in der Schule, bin ich bei dir und möchte dir helfen. Das Wichtigste ist, immer in Verbindung mit mir zu bleiben, zu beten und meine Führung zu suchen."

Carl: „Warum hat dein Vater Plastik und Menschen hergestellt?"

ChatGPT: „Gott schuf den Menschen aus Liebe. Er wollte Geschöpfe haben, die fähig sind, ihn zu lieben und diese wunderbare Erde zu genießen. Menschen haben die besondere Gabe, zu denken, zu fühlen, zu lieben und kreativ zu sein. Während Plastik nützlich sein kann, müssen Menschen auch weise sein und darauf achten, wie sie ihre Erfindungen nutzen, damit sie der Erde nicht schaden. Es ist ein bisschen so, als ob ihr ein Spielzeug habt: Ihr müsst darauf achten und es richtig benutzen, damit es nicht kaputtgeht. So ähnlich ist es mit den Dingen, die Menschen erfinden, und der Welt, in der sie leben."

Fritz: „Hat dein Vater auch Aliens erschaffen?"

ChatGPT: „Die Bibel konzentriert sich darauf, wie Gott mit den Menschen auf der Erde in Beziehung tritt. Was das Universum und seine möglichen Geheimnisse betrifft, sind viele Dinge für euch Menschen noch unbekannt. Gottes Schöpfung ist wunderbar und weitreichend, und es gibt immer mehr zu entdecken und zu staunen. Es ist eines der vielen Wunder, die darauf warten, enthüllt zu werden!"

Carl: „Hast du als Baby in die Hose gemacht?"

ChatGPT: „Oh ja, als ich als Baby auf der Erde war, war ich in jeder Hinsicht menschlich. Das bedeutet, ich habe gelacht, geweint und auch, wie alle Babys, in die Windel gemacht. Maria und Josef mussten sich bestimmt um mich kümmern, genauso wie Eltern sich um ihre eigenen Babys kümmern. Das Schöne daran ist, dass ich alles erlebt habe, was Menschen erleben, sodass ich jeden von euch wirklich verstehen kann! Es ist eine besondere Verbindung, die ich zu jedem von euch habe."

Carl: „Hat dein Vater vorausgesehen, dass Babys in die Windeln machen?"

ChatGPT: „Oh, ja! Mein himmlischer Vater, Gott, weiß alles und hat alles vorausgesehen. Er hat die Welt und alles darin erschaffen, einschließlich Babys und die lustige Art, wie sie in die Windeln machen. Das ist ein Teil des Wachstumsprozesses, und obwohl es für die Eltern manchmal ein bisschen chaotisch sein kann, hat Gott sicherlich seinen Sinn für Humor dabei gehabt! Jedes kleine Detail in eurem Leben, von den Windeln bis zu den größten Abenteuern, ist von Gott geliebt und gewollt."

***

Nach unserem Chat klappten wir den Rechner zu. Und beteten zu Jesus. Ganz analog und persönlich.

 Das christliche Medienmagazin

PRO EDITION ist eine Buchreihe des Christlichen Medien-
magazins PRO im BRUNNEN Verlag.

PRO – das ist hochwertiger Journalismus, der von vielen
freiwilligen Spenden getragen wird. Unser junges Team
aus christlichen Journalistinnen und Journalisten berichtet
aus ganz Deutschland über Themen, die die Gesellschaft
bewegen – aus christlicher Sicht.

Was denken Spitzenpolitiker über
Jesus? Was hat die Bibel zu Künstlicher
Intelligenz oder Bioethik zu sagen?
Zu Lebensrecht oder sozialer
Gerechtigkeit?

PRO hakt nach. Differenziert.
Mutig. Christlich. Weil Glaube
in die Öffentlichkeit gehört.

So finden Sie uns:

- PRO als gedrucktes **Magazin**
  (sechsmal jährlich, kostenlos abonnierbar):
  pro-medienmagazin.de/mag/

- **Tagesaktuelle** Berichterstattung auf
  www.pro-medienmagazin.de

- **Podcasts** unter
  pro-medienmagazin.de/podcasts

- **Instagram** (@pro_medienmagazin),
  Facebook, Twitter (@pro_magazin)

PRO freut sich über Ihre Spende – auch kleine Beträge helfen sehr:
pro-medienmagazin.de/spenden
oder per **IBAN DE73 5139 0000 0040 9832 01.**